Les 7 clés du bonheur

Claude de Milleville

Les 7 clés du bonheur

SOLAR
EDITIONS

ISBN : 978-2-263-04803-6

« Pour Cléo, qui a déjà trouvé toutes les clés pour être heureuse et rendre les autres heureux. »

Le savoir est un oiseau sauvage,
il se nourrit de nos rêves.

Proverbe iranien

INTRODUCTION

Ce passeport pour le plaisir est le cadeau que m'a laissé une vie rude, passionnante et quelquefois douloureuse.

J'ai maintenant acquis une force à toute épreuve. Je possède des racines de baobab, fermement enfoncées dans cette bonne vieille terre et je me régale tant des fruits de la vie que j'ai envie de les partager en vous proposant ces sept pas à faire, ces sept étapes à franchir, pour vous permettre de trouver votre paradis terrestre. Mais n'ayez aucune inquiétude, ils sont simples à suivre et à la portée de chacun. Ils sont là pour vous aider à tracer un chemin clair, à trouver la joie, à vous aimer.

Point n'est besoin de grandes décisions ni de grands bouleversements ! En douceur, pas à pas, ils permettent de transformer un quotidien trop souvent gris et inquiet en une succession de petits plaisirs qui, mis bout à bout, conduisent au bonheur.

Ces sept étapes sont pétries d'évidences et de bon sens, car nous naviguons généralement en aveugle, victimes d'un mal de vivre profond que nous camouflons tant bien que mal : regrets sur le passé, espoirs sur l'avenir, absence totale d'implication dans notre présent.

Or nous devons nous efforcer de vivre pleinement l'instant présent si nous souhaitons construire efficacement demain. Pour cela, réunissons toutes nos énergies, ici et maintenant, pour assouvir nos soifs et nos désirs. Tout doit tendre à la plénitude immédiate. Nos CINQ SENS doivent être toujours présents, éveillés à la vie dans laquelle nous baignons, attentifs à la beauté, au plaisir, aux autres, à notre travail mais aussi, on l'oublie trop souvent, aux plantes, aux animaux, à la créativité des autres êtres, à la lumière et à l'ombre silencieuse. Toute chose referme en son sein une véritable perfection : à nous de la dénicher, de lever le voile, de réveiller les mystérieuses richesses endormies au plus profond de nous-mêmes.

Le plaisir est le petit frère du bonheur ; si nous nous donnons chaque jour du plaisir, nous serons prêts à vivre le bonheur le jour où nous le rencontrerons. Pour réapprendre à vivre, il n'est jamais trop tard !

Nous avons tous de larges poumons qui ne demandent qu'à se remplir d'espace et d'infini. Pourtant, nous respirons la plupart du temps à petites bouffées, au risque d'étouffer !

Tout ce qui vit – les plantes, les animaux – n'économise pas sa peine pour se donner un maximum de plaisir. L'arbre, par exemple, prend dans la terre mère, à travers ses racines, la nourriture qui lui permet de développer son énergie dans le tronc et de s'épanouir ensuite dans le déploiement de ses branches, feuilles et fruits. Il est intensément et totalement présent dans l'action immédiate d'être, de faire, de devenir. Il est création, transformation permanente entre terre et ciel. De même, vous ne verrez jamais un tournesol, constamment orienté vers le soleil, s'en détourner un beau jour. Non, du lever au coucher du soleil, il le suit sans cesse car c'est pour lui un besoin vital. Observons le règne animal : le chat sait s'offrir à chaque instant ce qui est le plus agréable et le plus profitable, comme le linge bien propre que vous venez de sortir du placard ou le siège le plus moelleux pour y faire une sieste, et le rayon de soleil à ne pas manquer pour s'y lover avec jubilation. L'oiseau, lui aussi, possède cette sagesse simple et évidente de la nature : tout au long de la journée, il alterne travail et jeu, activité effrénée et repos bien mérité.

Dans un voyage,
le plus long est de franchir le seuil.

Et nous ? Voilà bien où le bât blesse. Car, contrairement aux plantes et aux animaux, nous nous posons des questions sur nous-mêmes et notre existence. C'est tout à notre honneur mais c'est aussi là notre principale faiblesse : toutes les questions que nous nous posons avant d'agir se heurtent à nos peurs, et celles-ci nous paralysent, nous empêchent d'aller plus loin. Nous nous arrêtons sans comprendre que notre solution et notre mode d'emploi pour être heureux sont là, présents, profondément enfouis dans notre inconscient.

Il faut donc commencer par être à l'écoute de nos besoins. Cela passe en premier lieu par l'écoute de notre corps, car il possède une sagesse immémoriale.

Quand il a sommeil, faim, soif ;
Quand il a envie de danser, de faire l'amour,
de rire ou de pleurer,
Écoutons-le !

De plus, tout au long de notre vie, nous pouvons jouer, aimer, échanger et nous régaler. L'existence n'est pas forcément un parcours du combattant. Nous avons le droit de faire de temps en temps l'école buissonnière, de nous tromper, de nous reprendre. L'important est de ne jamais perdre de vue notre but : le plaisir, le bonheur, et la création de notre paradis terrestre.

Le temps qui nous est imparti entre notre naissance et le moment où nous quittons nos oripeaux terrestres pour partir vers d'autres aventures est bien court, mais nous pouvons l'utiliser pour devenir de plus en plus intelligents, de plus en plus aimants. Il n'existe aucune limite à l'amour et à l'éveil de l'esprit. Quelle merveille ! Le tout est de savoir profiter pleinement des opportunités que nous offre la vie.

Si nous avions vraiment conscience de notre éternité, nous ne serions sûrement pas aussi créatifs, aussi avides de bonheur ! Pressés par le temps, poussés par une inextinguible soif d'aimer et de comprendre, nous avons le loisir de construire ou non un monde meilleur pour nous et pour les autres. La vie est une invitation permanente à passer du rôle de spectateur à celui d'acteur.

Personne ne saurait prétendre trouver à votre place la recette qui vous convient. Si je souhaite, à travers ce livre, partager avec vous celles que j'ai utilisées, n'hésitez pas à les passer au peigne fin, à faire le tri et à ne prendre que celles qui trouvent un écho en vous. Et pourquoi ne pas mitonner vos propres recettes ? En matière de bonheur, nous pouvons tous devenir des cordons-bleus, et ce livre est là pour vous donner les moyens d'y parvenir !

Mais pour atteindre notre paradis terrestre, il existe une règle d'or qui est la même pour tous, même si elle doit s'adapter à chaque personnalité. La voici : pour parvenir à l'accomplissement de notre vie, nous avons tous sept étapes à franchir.

La richesse symbolique du chiffre 7 n'est plus à démontrer. Dans de très nombreuses cultures, il est considéré comme un « chiffre parfait ». Dans l'Égypte ancienne, il était le symbole de la vie éternelle… On le retrouve partout : les sept notes de musique, les sept couleurs de l'arc-en-ciel. Ne dit-on pas également que sept ans est l'âge de « raison » ? Intéressons-nous tout particulièrement à l'une de ses plus anciennes significations, qui nous vient de la Genèse : il y est écrit que Dieu a créé le monde en sept jours. Nous allons, en toute modestie, suivre le même cheminement : sept étapes pour nous recréer, sept clés à découvrir pour nous ouvrir les portes d'un bonheur serein.

Les leçons que l'on nous donne pour bien vivre et être en bonne santé, les préceptes de vie que l'on nous enseigne parlent rarement de plaisir. Et pourtant, au cours du voyage intérieur que je vous propose dans cet ouvrage, le plaisir sera notre recherche constante, la valeur cardinale de notre accomplissement, un « pôle magnétique » à ne jamais perdre de vue. Le plaisir est notre billet gagnant pour le train du bonheur !

Cela ne signifie pas pour autant que l'on doit imiter le voisin, car ce qui fait plaisir à l'un ne fait pas forcément le même effet à un autre. Les couche-tôt s'organisent différemment de ceux qui aiment profiter de leurs soirées. Mais quel que soit notre profil, notre mode de vie, nous ne devons pas accepter de vivre nos journées dans la frustration. Quelle tristesse de se coucher après avoir mangé un plat, certes léger mais sans saveur, en se disant que

« c'est bon pour la santé ». En l'occurrence, il n'est pas certain que nous ayons contribué ainsi à notre bonne santé car nous ne sommes pas satisfaits. Pour celui qui s'en régale, les légumes à la vapeur sont une source de bienfaits, mais pour celui qui préfère les sauces et les plats cuisinés, c'est la certitude de ne ressentir à la fin du repas que de l'insatisfaction ! Si l'on a peur de prendre du poids en se faisant plaisir à table, ne peut-on pas s'arranger pour alterner les jours où l'on mange maigre et les jours où l'on festoie gaillardement avec des amis. Laissons s'épanouir librement notre penchant épicurien. Il nous sera plus bénéfique qu'une ascèse excessive. Il ne faut jamais oublier à quel point la notion de plaisir est vitale.

Chaque étape de notre vie porte en elle une résonance, une musique particulière, une découverte potentielle, un nouvel apprentissage, des possibilités de se faire plaisir. Les regrets et les espoirs nous entraînent en avant ou en arrière mais ils nous empêchent toujours de voir les trésors que recèle le moment présent. Or l'avenir se bâtit à partir du présent. Ce serait donc une folie de le négliger. Se focaliser sur un projet d'avenir est une démarche constructive, mais pour le réaliser il est avant tout nécessaire d'accorder à chaque instant de notre vie une énergie pleine et entière. Fermement enracinés dans le présent, nous pouvons porter nos yeux vers l'horizon, développer nos désirs et faire preuve de curiosité. Ne nous contentons pas de contempler, l'œil morne, ce qui se trouve à nos pieds.

Le pire n'est pas toujours certain.

Le temps ne se rattrape pas ! Nous le savons tous, mais nous vivons pourtant comme s'il nous était toujours possible de revenir en arrière. Ressentir de la culpabilité pour une erreur commise dans le passé est inutile et contre-productif. Nous avons tous le droit de nous tromper, mais regarder en arrière pour se lamenter est seulement sclérosant. Ce qui n'a pas été réalisé hier peut se faire aujourd'hui.

Si nous devons tirer une seule leçon de ces différentes légendes, c'est que regarder en arrière pour contempler les erreurs du passé ne permettra jamais de les effacer ou de les réparer. La culpabilité nous immobilise et la seule façon d'en guérir et de se sentir mieux, c'est de continuer à vivre intensément le présent, de choisir consciemment sa direction et de foncer !

Le seul temps véritablement perdu, c'est celui où nous ne vivons pas par nous-mêmes. Nous allons donc tâcher d'avancer avec nos propres moyens et nos propres outils. Il est fou celui qui a faim et qui, se plaignant de n'avoir qu'une carotte et une pomme de terre pour faire sa soupe, reste devant cette nourriture sans la manger… Commençons donc à agir avec ce que nous avons à notre disposition. Nous découvrirons ensuite d'autres possibilités qui nous avaient été cachées jusque-là. Préparons les légumes et nous nous émerveillerons bientôt du morceau de lard, du bouquet d'aromates que nous n'avions pas vus. Alors, joyeusement, nous pourrons nous régaler !

Nous allons maintenant découvrir les sept clés qui ouvrent les portes de notre paradis terrestre.

ENTREPRENDRE

On nous a toujours dit qu'il fallait apprendre avant d'entreprendre, ce qui fausse dès le départ les premiers pas de notre vie.

Dès le réveil, nous devons avoir un seul objectif : remettre notre vie d'aplomb et donner du peps à notre journée. Commençons par un geste tout simple, diablement efficace même s'il n'est pas si facile à réaliser tous les jours : levons-nous du bon pied !

Comme les petits matins sont tristes quand nous sommes brutalement jetés du lit par la sonnerie du réveil, suivie d'une douche express et d'un café avalé debout. Puis vient le temps de prendre le bus, le métro ou la voiture pour se jeter tête baissée dans la cohue, le bruit et la pollution. Dès le départ, c'est une course effrénée et la journée est mal partie. Nous nous sommes levés du « pied gauche » et le stress pétrit déjà chacun de nos muscles. La journée est pourtant à peine entamée et nous voilà peu enclins à nous montrer ouverts, curieux et à prendre la vie du bon côté. L'agressivité crispe notre bouche, assombrit notre regard, et tout nous paraît sombre, laid et triste.

Mais le scénario pourrait être totalement différent, et cela ne dépend que de nous. Pour commencer, entreprenons de faire sonner notre réveil une demi-heure plus tôt, temps que nous consacrerons exclusivement à notre plaisir de vivre. Accaparés par le quotidien, déprimés par la grisaille et la routine, nous avons trop souvent tendance à oublier que nous possédons cinq sens qui sont autant de portes ouvertes sur la vie. Ils sont là pour nous permettre d'appréhender le monde sous toutes ses formes et d'en jouir… dès potron-minet ! Un peu de mousse dans le bain, un appétissant plateau de petit déjeuner pris au lit, une musique agréable… et voilà : tiens, le soleil brille, quelle belle lumière ! Il pleut ? C'est bon pour la terre ! J'ai un peu de temps ? Je vais en profiter pour téléphoner à un ami ou bien je vais prendre soin de moi et utiliser enfin ce soin du corps acheté il y a plusieurs mois… ou encore, je vais m'accorder un moment pour lire les journaux. Une demi-heure pour soi, totalement et exclusivement réservée à son plaisir, quel bonheur ! À chacun d'en disposer comme il l'entend, selon ses goûts et sa personnalité. Les uns, fenêtre ouverte après quelques bonnes respirations, entreprennent une séance de gymnastique douce ou de yoga. Les autres, confortablement installés dans leur lit, après s'être étirés comme des chats, dégustent avec volupté croissants et café chauds. Les premiers prennent une douche, puis entreprennent de se frictionner énergiquement avec un gant de crin, tandis que les seconds s'allongent sensuellement dans leur bain moussant. Peu importent nos désirs, il suffit d'entreprendre de nous faire plaisir dès le moment où nous ouvrons l'œil.

Pour garantir un réveil serein et énergique, rien de mieux qu'une chambre confortable et accueillante. La pièce dans laquelle nous nous endormons et nous éveillons chaque jour ne doit pas être négligée. Elle est le premier décor de notre journée, il est donc primordial d'en faire un lieu agréable. Pour cela, nous aurons entrepris de nous entourer d'objets, de tableaux, de meubles que nous aimons.

Certains continuent à vivre dans des lieux sinistres, des pièces froides et sans âme, sous le prétexte fallacieux qu'ils sont en transit, qu'ils ne s'installent pas pour la vie ou qu'ils ne sont pas propriétaires. Quelle folie ! Peignez les murs de votre couleur préférée, accrochez les photos de ceux que vous aimez, des images qui vous emplissent de bien-être. Glissez dans vos placards des sachets de lavande afin que ce doux parfum se répande discrètement dans vos affaires et dans vos draps. Faites tout particulièrement attention à la lumière : sans plonger la chambre dans l'obscurité, privilégiez tout de même un éclairage tamisé, doux et chaud. Le soir, quand vous vous couchez, mais également le matin au réveil, cette pièce doit être un cocon de bien-être. N'hésitez donc pas à en soigner l'atmosphère, c'est à vous que vous ferez du bien !

Faisons fi du passé et du futur, le présent est notre éternité ! À chaque instant, nous pouvons entreprendre de construire ; c'est aujourd'hui qui est important, essentiel. Chaque minute bien vécue peut être un réel enchantement pour peu que nous voulions bien nous y intéresser et lui donner sa pleine mesure. Peut-être que notre fenêtre s'ouvre sur un arbre ? Ou, si nous avons plus de chance, un jardin, un square ? Le spectacle de la nature, même si elle est domestiquée par la main de l'Homme, est toujours un baume apaisant pour l'esprit. Si vous n'avez malheureusement pas un seul brin d'herbe à portée de regard, tendez l'oreille : dans toutes les villes, même les plus bruyantes, les oiseaux nous régalent avec générosité de leurs chants. Profitez-en !

Le matin est aussi un moment privilégié pour réfléchir à notre vie, prendre du recul, faire le point afin de mieux entreprendre, avant de nous jeter dans l'action. Avons-nous rêvé cette nuit ? Et si oui, à quoi ? Si nous avons fait des cauchemars, pourquoi ? Qu'est-ce qui ne va pas dans notre vie ? Qu'avons-nous réellement envie de vivre ? Nous en donnons-nous les moyens ?

Nous devons donc nous offrir des réveils heureux.

« Il est bien vrai que nous devons penser
au bonheur d'autrui ;
mais on ne dit pas assez que
ce que nous pouvons faire de mieux pour ceux
qui nous aiment,
c'est encore D'ÊTRE heureux. »

Alain, *Propos sur le bonheur*

Pour notre plus grand bonheur et celui de nos proches, donnons-nous d'abord à nous-mêmes, puis à ceux qui nous entourent ! Enfants, conjoints et collègues recevront notre irrésistible sourire et notre joie de vivre comme un cadeau qui, à coup sûr, effacera la mauvaise humeur que nous pourrions rencontrer. Pour paraphraser les Évangiles, « entreprenez de donner et vous recevrez ». Si nous prenons conscience du pouvoir d'un regard, d'un geste, d'un rire ou d'un sourire, d'une caresse, nous comprendrons que nous possédons déjà la baguette magique permettant de transformer notre environnement en un « palais des mille et un matins ». Le jour où nous découvrons que tous les pouvoirs sont en nous, que rien ni personne ne peut faire mieux que nous pour nous, que nous sommes aux premières loges pour nous servir les meilleurs plats de la vie, alors « tout est possible ».

« Le monde m'est nouveau à mon réveil,
chaque matin. »

Colette

Nous pouvons créer tout ce qui nous fait envie. Le matin est la première note de la partition musicale de la journée. Accordons-nous au son harmonieux qui nous donnera la tonalité pour le reste de la journée. Et, comme Cyrano, nous pourrons dire alors : « Je me les sers moi-même avec assez de verve, mais je ne permets pas qu'un autre me les serve. » (Edmond Rostand, *Cyrano de Bergerac*, I, 4.)

Personne n'a à nous dire ce que nous avons à faire. À nous d'entreprendre, d'ouvrir les portes qui nous conviennent.

Parents, professeurs ou « pseudo gourous » nous ont souvent répété qu'il nous fallait apprendre pour trouver notre voie avant d'entreprendre. C'est totalement faux. L'enfant, au départ de sa vie, n'apprend pas à marcher sans entreprendre ; de même, il n'apprendra pas que le feu brûle s'il n'entreprend pas de le toucher. Ce n'est pas parce que l'on veut lui apprendre avec des mots qu'il comprendra. C'est lui qui, par son action, découvrira le danger.

Où et comment diriger nos pas ? Entreprenons, même si nous ne connaissons pas le résultat. Au fil de nos expériences, nous prenons conscience de nos outils, et notre savoir-faire augmente. Nous usons naturellement de nos facilités. Entreprendre de demander une augmentation peut nous permettre de l'obtenir ? Si nous ne le faisons pas, nous ne nous donnons aucune chance. Quand faut-il se taire, quand faut-il parler ? La vie est un métier qui demande un véritable apprentissage.

Certains croient qu'il faut toujours se battre, mais c'est faux. Quelquefois, se battre ne sert à rien et la vie nous donne tort ; nous dépensons alors notre énergie en vain. On a toujours intérêt d'entreprendre de la manière la plus agréable possible. Nous ne sommes pas obligés de souffrir ni de prendre des chemins semés d'obstacles sous prétexte qu'ils sont plus courts. En revanche, quand ce que nous tentons de réaliser se refuse à nous trop fortement et trop longtemps, ayons la sagesse de nous remettre en question afin de comprendre si, par hasard, nous ne nous acharnons pas sur une porte fermée en tournant le dos à une porte ouverte.

Comme le cours de la rivière dévie lorsque c'est nécessaire, il faut entreprendre de contourner l'obstacle. Mais chacun de nous a sa propre personnalité, son propre itinéraire. Si les uns sont impétueux comme des torrents, les autres serpentent tranquillement au milieu de riantes prairies et chacun va réagir d'une façon différente, selon sa nature, face à ce qui lui barre le chemin. Certains vont essayer de « forcer le passage » cinq fois, dix fois, quarante fois, avant d'atteindre le rocher et d'apprendre à le contourner. Ils auront des déceptions car s'entêter devant la difficulté n'est pas la bonne solution. Leur volonté les aveugle et ils retombent trop fréquemment dans les mêmes travers.

Entreprendre, c'est aussi goûter si le plat nous convient, et ne pas se forcer à tout dévorer si nous ne l'aimons pas. Nous ne sommes pas condamnés à répéter les mêmes erreurs toute notre vie. Si nous prenons conscience que nous recommençons encore et toujours la même démarche sans rencontrer le succès (et cela vaut pour les relations amoureuses, familiales comme pour la vie professionnelle), nous pourrons la modifier.

Le sage change d'avis et le sot s'entête.

C'est alors que tout devient possible, et que ces échecs successifs peuvent se transformer en une expérience saine et profitable. Par exemple, au travail, si nous souhaitons ardemment obtenir une promotion et que, pour cela, nous tentons depuis longtemps déjà de mettre en avant nos compétences face à nos supérieurs sans obtenir le moindre résultat concret, il est nécessaire de revoir notre stratégie : elle n'est peut-être pas adaptée à ceux qui nous font face. Notre comportement est peut-être mal perçu. Se poser la question est déjà un grand pas en avant vers plus de satisfaction. On peut, à partir de là, mettre le doigt sur ce qui ne va pas et transformer efficacement notre vie.

Pour réaliser ce pas en avant, il faut commencer par regarder en nous et accepter l'enfant neuf et curieux qui y vit. Tout naturellement, nous nous ouvrirons alors à la possibilité de muer, de changer. Si nous entreprenons de nous tourner vers de nouvelles idées, de nouvelles manières d'appréhender l'existence, nous ouvrons la porte aux richesses illimitées que nous possédons à notre insu. Le jour où nous ne trouvons plus d'aides extérieures ou de chemins tout tracés, nous sommes obligés d'inventer, de créer un monde nouveau, de prendre des risques ; nous devons être disponibles, de toutes nos forces, de tout notre être.

Montons dans n'importe quel train, il nous amènera quelque part. Peu importe que ce train ne soit pas le nôtre. Ce qui est essentiel, c'est d'oser partir. Comment voulez-vous savoir que vous ne roulez pas dans la bonne direction si vous ne prenez pas la route ? Attendre indéfiniment le choix idéal est le meilleur moyen de rester sur le quai.

Un bateau qui reste au port
n'est jamais en danger, mais il ne va nulle part.

Nous avons reçu la vie en cadeau et nous cherchons fébrilement le mode d'emploi pour entrer dans le jeu et savoir quel est le premier pas à faire. Cette première étape indispensable pour qui souhaite maîtriser sa vie et prétend au paradis terrestre, c'est entreprendre. Alors, levons-nous avec le sourire, remettons les évidences en question et prenons le risque d'être heureux !

APPRENDRE

Nous avons entrepris, ce qui nous a permis de découvrir et d'apprendre.

Malgré nos peurs, nos doutes et notre manque de confiance en nous, nous avons entrepris d'agir pour avancer sur le chemin de notre paradis terrestre. Nous allons maintenant pouvoir APPRENDRE. Cet apprentissage est d'abord celui du corps. Apprenons donc à écouter son infinie sagesse.

La découverte de nous-mêmes passe avant tout par celle de nos sensations physiques. Tout d'abord, transformons un peu la célèbre citation de Pascal. Plutôt que « Le cœur a ses raisons que la raison ne connaît point », je préfère dire :

Le corps a ses raisons
que la raison ne connaît pas.

Les enfants le savent de façon intuitive, eux qui découvrent dès la naissance le monde qui les entoure grâce à l'odorat, l'ouïe, le toucher et la vue. Tous leurs sens sont dévolus à cette gigantesque tâche. Prenons exemple sur eux pour redécouvrir ce que nous croyons connaître. Cette profonde modification de notre façon d'appréhender la vie va nous permettre de savoir ce que nous aimons ou pas et va nous apprendre à effectuer nos propres choix en toute liberté.

Notre corps, à la façon des racines d'un arbre, va nourrir notre personnalité, notre sensibilité et développer notre capacité de jugement.

En apprenant à nous connaître, nous apprendrons à nous aimer. Nous sommes souvent plus durs avec nous-mêmes que nos maîtres et nos parents ne l'ont été durant notre enfance. Trop souvent, le regard que nous nous jetons nous condamne, alors que nous devrions être « notre meilleur ami ».

Un simple coup d'œil dans le miroir et le verdict tombe, sévère et cruel. La rengaine des remontrances envers notre pauvre corps commence : « J'ai mauvaise mine, j'ai pris une ride, je ne suis pas présentable. » Accordons-nous un peu de douceur et de bienveillance, sous peine de ne pas pouvoir, par la suite, sourire aux autres. Si vous adressez un sourire additionné d'une pointe d'humour à ce reflet déplaisant dans le miroir accusateur, tout change : « Ce nez un peu grand me donne de la personnalité, ces yeux cernés un air romantique, ces kilos en trop apportent à mon visage un charmant air de bonhomie. » Apprenez à peindre votre vie avec des couleurs qui l'embellissent.

Nous allons peu à peu apprendre à éviter les écueils et à ne pas laisser passer nos chances.

Sourire est la meilleure façon
de montrer les dents au destin.

Pour cela, le sourire est notre meilleur allié. Grâce à lui, nous pouvons changer le monde qui nous entoure sans effort, en douceur. Apprendre à sourire nous permet de l'apprendre ensuite aux autres, c'est une irrésistible invitation à la fête et un plaisir extrêmement contagieux. Même si les gens sont odieux autour de nous, nous récolterons toujours la monnaie de notre pièce. Alors, mesdames et messieurs, pour paraphraser une expression bien connue, sourions les premiers !

Sourire, c'est déjà de l'amour. Il suffit souvent de peu de choses pour faire de notre journée un été flamboyant, pour évacuer le brouillard et renvoyer la monotonie aux calendes grecques. Quelques sourires de plus sur un trajet en métro ou dans un magasin bondé, et l'univers bascule dans une autre dimension, celle du plaisir de vivre. Ils nous ouvrent souvent des portes qui semblaient jusqu'alors irrémédiablement cadenassées et aplanit le chemin parfois accidenté qui mène à l'autre.

En mûrissant, faites comme la lavande :
enrichissez-vous !

Même une personne très désagréable a rarement résisté à une charmante petite moue et à un minois joyeux. Dire bonjour le premier est souvent efficace ; alors, au bureau, à l'atelier, au magasin, telle une diva, soignons notre entrée car nous allons aborder notre public. Lançons nos « bonjour, ça va bien ? » non pas les dents serrées, avec indifférence, sans prêter intérêt aux visages qui nous entourent, mais avec une attention particulière pour chacun. Nous verrons s'éclairer avec émerveillement les mines renfrognées, froissées par les énervements du matin. Le meilleur cadeau que nous puissions faire à ceux qui nous entourent, c'est de leur donner la possibilité de se refléter dans notre visage. Ils auront envie de nous donner le meilleur d'eux-mêmes.

Mais attention, si la bonne humeur est contagieuse, la mauvaise humeur l'est aussi. Donnons aux autres ce que nous souhaitons obtenir d'eux. Quand je me sens mal dans ma peau et de mauvaise humeur, le fait d'accrocher à mes lèvres un sourire, même s'il est au départ un peu forcé, ouvre la porte à une plénitude, à une profonde détente qui se répand dans tout mon corps et m'amène peu à peu à un état de profond bien-être intérieur. La science a souligné les effets positifs du rire et du sourire sur l'état général de personnes souffrantes. Aux États-Unis, des chercheurs ont tenté de diminuer des dérèglements psychiques en faisant rire et sourire leurs patients. Cette expérience a mis en relief des modifications hormonales et de divers paramètres du corps humain. Comme le corps peut aider l'esprit, l'esprit peut aider le corps. Si nous sommes souffrants ou malades, le pouvoir de la pensée peut nous aider à aller mieux. Le sourire, selon certaines traditions, peut même nous mener jusqu'à l'extase.

Chaque fois que des idées noires traversent notre esprit, fermons les yeux, transformons notre visage en celui d'un petit bouddha souriant, et laissons glisser la douceur qui s'installe sur nos lèvres jusqu'au fond de notre cœur.

« Le sourire est la perfection du rire. »

Alain

Le rire, dit-on, serait le propre de l'homme. Il fait du bien, mais il n'est pas toujours bienveillant : on peut rire d'une bonne plaisanterie ou se moquer de quelqu'un qui fait une chute. Le sourire, quant à lui, est chargé d'amour. Adresser un sourire, c'est faire preuve de politesse et d'attention pour celui à qui il est destiné. Si une personne surexcitée et agressive n'y est pas toujours réceptive, ce n'est pas grave, c'est la vie ! L'essentiel est de rester imperturbable, de garder son calme, de protéger son bien-être et de ne pas se laisser envahir par la nervosité de l'autre. Quelqu'un se déchaîne contre vous sans raison apparente ? C'est bouleversant, mais en réalité, cela ne vous concerne pas. Cette personne passe une mauvaise journée, c'est tout. Ce n'est pas une raison pour que la vôtre en soit assombrie ! Là encore, la gentillesse est votre meilleure arme, car répondre à l'agressivité par l'agressivité serait destructeur et inefficace.

Celui qui se fâche a deux peines :
celle de se fâcher et celle de se remettre.

Quelqu'un nous bouscule dès le matin, nous fait une queue de poisson en voiture ? Tournons vers lui un visage souriant et nous désarmerons les plus coriaces.

Il m'est arrivé un jour, alors que j'étais en voiture avec des amis et que je m'apprêtais à reculer pour me garer, de me faire prendre de vitesse par quatre jeunes qui ont rapidement manœuvré leur voiture pour prendre ma place. Mes amis hurlaient, vociféraient de rage. Cela réjouissait au plus haut point les quatre garnements qui obtenaient ainsi exactement ce qu'ils voulaient. J'ai prié mes compagnons de se calmer : « Surtout, taisez-vous, laissez-moi faire. » Je me suis avancée, aimable, jusqu'à la portière du conducteur pour lui demander : « Auriez-vous apprécié que l'on agisse ainsi envers vous ? » Puis je l'ai invité à partir sans cesser de sourire : « Ce serait quand même sympa de ne pas faire aux autres ce que vous ne voudriez pas que l'on vous fasse. » La réponse a immédiatement fusé : « Oui, mais vos amis ne sont vraiment pas sympas, ils ne sont pas comme vous. » « Alors, faites-le pour moi », ai-je ajouté en riant. Et, à ma grande stupéfaction, ils sont partis aussitôt. Quand on obtient des résultats pareils, on ne risque pas de l'oublier, et je me suis promis à l'avenir de rentrer mes colères et d'utiliser cette arme magique qu'est la bonne humeur à chaque occasion. Son pouvoir, largement sous-estimé, est extraordinaire, et elle est souvent plus efficace que la parole.

> *« Il suffit d'un moment pour esquisser un sourire,*
> *mais son souvenir est parfois inoubliable.*
> *C'est le meilleur antidote de la nature*
> *contre les tracas de la vie. »*
>
> Frank Irving Fletcher

Notre apprentissage est aussi celui de notre liberté. Il n'est possible que lorsque nous avons acquis, à travers un rapport plus serein avec notre corps, une meilleure estime de nous-mêmes.

Là encore, observons les plus jeunes ! Dès l'enfance, le travail prend place dans nos vies, à travers les jeux d'imitation.

Nous jouons à la vie d'adulte : la marchande, le docteur, etc. Il est impossible d'imaginer, à cet âge, que nous aurons peut-être, un jour, un travail qui ne nous plaira pas, avec tous les soucis et les difficultés que cela génère, comme l'aigreur, l'irritation, les soirées crispées, les mauvaises nuits. L'enfant, par nature, est incapable de rêver à une vie ennuyeuse et triste. Et il attend parfois avec impatience le jour où il sera grand pour pouvoir réaliser ses rêves. Il sera capitaine, cosmonaute, chirurgien, acteur ou pompier. En attendant, il joue, « fait semblant », répétant le rôle qu'il veut se donner dans le futur. Qu'il ait ensuite l'occasion de réaliser exactement ce qu'il a imaginé importe peu, finalement. L'essentiel est de prendre un cap et de ne pas le perdre par la suite. Pour l'enfant, au cours de ses jeux, tout est possible, il ne se refuse aucun rêve.

Les rêves ont beaucoup à nous apprendre sur les directions à choisir pour réussir notre vie. Nos actes doivent être imaginés avant de devenir réalité. La peste soit des gens raisonnables si cela signifie qu'il faut rester dans les rails de notre éducation et, surtout, ne pas être différents des autres car on n'ose pas l'être ! Le bon sens véritable commande au contraire de concrétiser nos envies et d'accepter la dynamique de la vie. C'est quelquefois bouleversant, mais c'est ce qui nous permet de rester immensément vivants et créatifs, de changer, de bouger, d'évoluer… Bref, de vivre !

Tout grand scientifique, ou tout grand musicien, a d'abord rêvé un concept, une œuvre, avant de l'inventer, de créer.

La seule bonne manière d'être raisonnable, au sens d'avoir « de la raison », c'est de laisser à l'imaginaire et aux rêves une place pour s'exprimer.

Cette raison ne saurait être strictement mentale, elle doit s'appuyer sur notre sensibilité et notre instinct. Il n'est pas souhaitable de diviser notre corps, notre âme et notre esprit. Si une seule de ces trois parts de notre personnalité n'est pas à son aise, l'équilibre est rompu et notre bien-être général est remis en question.

Nous manquons d'argent, de temps, ou nous ne sommes pas prêts ? Cela ne veut pas dire que notre rêve est brisé à tout jamais. Peut-être faut-il simplement attendre et réaliser auparavant d'autres rêves, plus accessibles. Car attendre ne signifie pas bouder le bonheur auquel nous avons tous droit, ici et maintenant. Hélas, la majorité des êtres humains passent un tiers de leur temps à subir en silence, à attendre les vacances, comme si le plaisir était à consommer avec modération, accessible uniquement à certaines périodes de la vie.

Les animaux ne vivent pas ainsi, les jeunes humains non plus. Ils jouent et vivent intensément chaque journée ! Que notre travail nous plaise ou non, notre vie serait totalement différente si nous y incluions tout simplement un peu plus fréquemment la notion de jeu ! C'est par le jeu, les essais, les erreurs, et donc les expériences, que nous construisons notre personnalité et que nous découvrons le monde. C'est par l'intermédiaire du jeu que nous pouvons rendre notre vie plus agréable et les gens qui nous entourent plus heureux. Regardons autour de nous ceux qui ont gardé juste ce qu'il faut d'enfance : ce garçon de restaurant qui fait un vrai show pendant son service, cet employé de poste qui vit avec ses partitions de musique dans la tête et qui tamponne ses documents en rythme ont en commun de transformer leur lieu de travail en un lieu d'expression de leur passion. Ils s'impliquent beaucoup plus dans leurs métiers que ceux qui vivent sans hobby, sans pour autant se prendre au sérieux. Rien à voir avec « le poinçonneur des Lilas » de la chanson de Serge Gainsbourg ! Ils ne sont pas cloués, prisonniers de leurs costumes de secrétaire, de notaire ou de professeur.

Mais, quelquefois, notre travail ne nous convient vraiment pas et nous en ressentons un profond malaise. Bien sûr, il faut alors tout faire pour en changer, même s'il n'est pas toujours facile de s'avouer que ça ne va pas. En anesthésiant la souffrance par peur du pire, nous acceptons passivement une vie qui ne correspond en rien à nos aspirations et respirons à petites bouffées craintives… Prenons garde, l'asphyxie n'est pas loin. Ce n'est pas en se soumettant et en se pliant de force qu'on s'ouvre au bonheur, mais en acceptant parfois une rupture. S'il y a bien un domaine où l'ambition est salutaire, c'est le bonheur !

Demandez tout, vous aurez beaucoup.
Demandez peu, vous n'aurez rien du tout.

La nature ne s'économise pas et vit pleinement ce qu'elle a à vivre, alors que nous passons notre temps à nous contenter de peu. Ainsi, nous nous habituons à un état permanent de tristesse, de nostalgie et de regrets.

La nature ne s'arrête jamais dans sa quête intense de vie. Faisons comme elle, vivons à plein régime !

À quelque chose malheur est bon.

Et si, pour un temps, nous ne pouvons rien changer à une situation négative ? Alors, modifions notre regard pour tirer des leçons constructives de cette expérience difficile. Ce qui est mauvais aujourd'hui pourrait être une chance demain.

Par exemple, par le passé, j'ai tenté de vendre à plusieurs reprises une étable que je possédais, et les trois promesses de vente réalisées n'ont pas abouti. Un petit signal s'est alors déclenché dans mon esprit, et je me suis dit que je ne devrais peut-être pas la vendre. J'ai transformé cette étable en une merveilleuse maison, et j'ai compris qu'un échec momentané peut être le ferment du triomphe de demain.

Élargissons notre regard. Dans notre travail, aujourd'hui, est-ce que les visages qui nous entourent peuvent devenir des nouveaux amis ? Et les clients que nous rencontrons ?

Untel peut-il nous faire rencontrer Untel ? Et même si tout ce qui nous entoure nous déplaît, ne peut-on pas modifier le regard que nous portons sur notre environnement pour aller au-delà des apparences ? Nous pourrions alors être plus créatifs. Et si vraiment notre travail est strictement alimentaire, dans un milieu qui ne nous plaît pas, avec un entourage désagréable, pourquoi ne pas travailler quatre jours au lieu de cinq et en garder trois pour des activités plus gratifiantes, ou bien avoir le courage de partir vers des horizons plus lumineux et oser développer notre créativité pour inventer ce que nous avons envie de faire.

Le courage croît en osant, et la peur en hésitant.

Au travail, aménageons tout ce qui est aménageable : les horaires, la décoration des lieux, les pauses, etc. Ouvrons la porte à tout ce qui peut contribuer à notre détente et ne nous maintient pas du matin au soir dans la peine. L'alternance entre des moments d'ennui et de plaisir créera une respiration bienvenue, afin que le travail ne soit pas simplement un bât douloureux. Grâce à cette respiration, la journée de travail ne sera plus vécue comme une fatalité mais comme une éventuelle source d'enrichissement, malgré ses aspects les plus pénibles. Arrêtons de déplorer notre situation en spectateur et devenons-en acteur ! Nous avons tous un rôle à jouer. Nous avons tous quelque chose de spécifique à apporter. Et si, par hasard, nous sommes pour un temps dans un mauvais train, à nous de trouver la correspondance qui nous permettra de prendre la bonne direction.

Apprenons à nous servir de nos cinq sens, à regarder, à sentir, en nous efforçant de toujours tendre vers la beauté, vers ce qui nous fait plaisir. Apprenons à capter les odeurs agréables. Et pourquoi attendre de prendre la route des vacances pour redécouvrir le charme d'une ville qui s'éveille ? Nous pouvons le faire au quotidien, au lieu de nous laisser emporter pas le flot des gens pressés, sourcils froncés, oreilles obturées par des baladeurs. Ne nous fermons pas aux vibrations de la ville qui donnent le signal de la reprise des activités. Nous nous laissons trop souvent absorber par ce qui est désagréable : les mauvaises odeurs, le bruit des voitures ou d'une musique infernale, la promiscuité dans le métro ou sur les trottoirs. Oppressés par tant de laideur, nous finissons la journée accablés. Pourtant, ces odeurs et ces sons qui nous agacent peuvent aussi nous émouvoir, éveiller notre tendresse. Ils font partie d'une mise en scène rassurante toujours recommencée qui donne au quotidien une beauté tranquille. Pris par nos habitudes, nous en oublions de savourer consciemment toutes ces informations sensorielles. Arrêtons de ne laisser entrer en nous que les sensations pénibles, la douleur, la difficulté, et apprenons désormais à nous nourrir avec gourmandise de toutes les richesses qui sont à notre disposition.

Il faut que le hasard renverse la fourmi
pour qu'elle voie le ciel.

De la même façon, la télévision apporte son lot d'informations anxiogènes : catastrophes, accidents, violence, etc. Et si nous l'éteignions un peu, afin de nous « déconnecter » quelque temps et d'utiliser tous nos récepteurs sensoriels pour laisser circuler en nous une multitude d'informations délicieuses et être nourris de beauté ? Pourquoi ne pas prendre le temps de regarder les bourgeons éclore au printemps, les couleurs des feuilles s'enflammer en automne, la beauté de certains monuments, les nuages au-dessus de nos têtes, les bateaux sur le fleuve, l'éventail des couleurs que nous proposent le lever et le coucher de soleil ? Le spectacle de la nature est une source de plaisir et d'apaisement toujours renouvelée.

Même si nous n'avons pas la joie de vivre à la campagne, nous pouvons voir des arbres dans toutes les villes du monde ! Et les villes ont aussi leur beauté, leur architecture, leurs vieilles pierres, leurs œuvres d'art, leurs odeurs caractéristiques. Paris, par exemple, est une succession de villages, qui ont chacun une âme, un style. Tous les lieux possèdent un caractère propre et une histoire à raconter. Il est vrai que certains environnements sont particulièrement désagréables, mais rien ne nous empêche d'égayer un bureau tristounet avec un bouquet de fleurs ou des photos d'un paysage que nous aimons particulièrement, de regarder le sourire d'une personne aimable, de mettre de la couleur dans notre appartement pour oublier la grisaille extérieure. Nous pouvons détourner notre regard de la laideur qui nous agresse et le porter sur ce qui nous plaît. Dans la rue, rien ne nous oblige à détailler les poubelles qui débordent, encore faut-il porter notre regard plus loin que les contingences et élargir notre horizon.

Nous passons huit heures par jour en moyenne à gagner notre vie, c'est une obligation vitale ! À nous d'y mettre du soleil, de l'intérêt, des échanges, des rires, mais nous allons apprendre aussi à ne pas perdre de vue la créativité enfouie au fond de nous et qui ne demande qu'à s'épanouir.

Si nous n'apprenons pas à nourrir nos sens, notre cerveau renverra beaucoup moins de sensations au corps ; il ne sera plus en mesure de diriger harmonieusement notre pensée. Nos cinq sens vont nous apprendre à être plus vivants avec les autres, à les écouter, les regarder, à développer notre curiosité du monde, et à entrer en communion avec tout ce qui nous entoure. Pour apprendre, il faut des yeux, des oreilles, un odorat, un toucher, un goût pour laisser le passage à une multitude de sensations animales. L'olfaction tient dans notre vie une place prégnante, tantôt agressive, tantôt nourrissante. Notre instinct s'exprime souvent malgré nous. D'ailleurs, lorsque nous disons de quelqu'un : « je ne peux pas le sentir », nous rappelons peut-être la mémoire lointaine de notre nature animale.

C'est à travers nos sens que nous apprenons à sélectionner ce qui nous est bénéfique ou néfaste. Si nous laissons tout passer sans distinguer l'agréable du désagréable, nous perdons peu à peu notre identité. Nous ne savons plus voir, sentir, goûter, nous avons même perdu l'habitude de nous toucher, de reconnaître et d'apprécier avec nos mains la qualité d'un tissu ou la douceur de l'eau sur notre peau, la caresse de l'oreiller sous notre tête. Ne plus laisser entrer la sensualité, la volupté au travers de toutes les portes de notre corps nous prive de la joie la plus essentielle, celle de notre terre, de notre incarnation, de notre présence sensorielle dans un monde vivant.

Le mental serait-il devenu le seul maître, tel un chef d'orchestre sans musiciens ? Mais que peuvent accomplir ces musiciens que sont nos sens, s'ils ne savent plus se servir de leurs instruments ? Au pire, il en résultera une atroce cacophonie ; au mieux, un ensemble de sons divers manquant cruellement d'harmonie. Par rapport au reste du règne animal, nous avons énormément perdu de notre acuité sensorielle ! Les yeux perçants des animaux voient beaucoup plus loin, leurs oreilles perçoivent des sons qui nous restent inaudibles, leur odorat appréhende le danger de loin. Et combien sont rares les animaux sauvages qui s'empoisonnent avec leur nourriture ! Instinctivement, ils sélectionnent ce qui leur convient. Quant au toucher, nous aurions beaucoup à apprendre en les imitant : dès leur plus jeune âge, les petits des animaux sont dans une continuelle proximité avec leur mère.

Quittons les gestes, les habitudes acquises et apprenons à être totalement présents à ce qui est simple : vivons les saisons de notre vie au rythme de notre corps. Apprenons à nous écouter, à trouver notre propre respiration. Acceptons notre individualité, notre couleur, notre différence et le fait que nous ne fonctionnons pas forcément comme les autres.

Parmi les quatre éléments primordiaux, le feu, l'air, l'eau et la terre, aucun n'est supérieur à l'autre ; tous ont autant de puissance. Une personne pleine d'énergie est-elle supérieure à une autre, qui est la douceur personnifiée ? Le bon sens de l'un est-il supérieur au raisonnement de son voisin, dont on admire la brillante intelligence ? Bien sûr que non, chacun a le droit de culminer dans son domaine, c'est même un devoir ! Mais chacun est un petit fragment du grand puzzle auquel il participe et n'est rien sans les autres.

Il existe des lois universelles pour tout ce qui concerne la vie, puis des lois personnelles pour chacun. Un arbre ne subit pas la même loi qu'un chat, un lion, un rosier, une pierre ou un être humain. Mais il existe une norme unique pour tous qui est faite d'amour. C'est ainsi qu'on se doit d'apporter à un petit enfant, dès le début de sa vie, un regard sur le monde et sur ce fonctionnement de l'univers. Son principe est simple et bien connu :

On récolte ce que l'on sème.

Donc, être odieux avec autrui équivaut à être odieux avec soi-même. Manquer de respect à autrui, c'est se manquer de respect. On ne peut recevoir finalement en guise de réponse qu'un désagrément ou un revers. La gentillesse et la patience peuvent désarmer, même si ce n'est pas toujours le cas, l'agressivité. Si des parents mènent leur enfant sur le chemin qui lui convient pour devenir adulte et non celui qu'ils souhaitent lui voir prendre, ils lui font un merveilleux cadeau : celui de l'aider à progresser plus rapidement vers son épanouissement. Ainsi, tout doucement, en grandissant, nous apprenons à mieux nous connaître et à nous accepter à travers nos rencontres avec les autres. C'est en se heurtant aux autres que nous découvrons la vie et c'est en nous trompant que nous y voyons plus clair. À la place de la prière du soir de notre enfance, je vous propose un moment où, au lieu de réciter une litanie de mots appris par cœur, nous nous mettrons à l'écoute de notre silence intérieur pour une parenthèse méditative, apaisante et riche d'enseignements. Il faudrait plus souvent enseigner aux enfants à écouter leur corps, car il a sa propre intelligence, des messages vitaux à transmettre.

La sagesse profonde des initiés, celle qui a permis d'ouvrir des portes spirituelles nouvelles, trop souvent déformée par des siècles, voire des millénaires d'interprétations, d'exégèses diverses et variées, est pourtant toujours là, vivace, dans les écrits. Si nous prenons pour exemple l'Évangile, dont le message fut fréquemment malmené par le catéchisme, nous pouvons y lire ces mots de Jésus : « Beaucoup parleront en mon nom, il ne faudra pas les écouter ! » Les prophètes ont prévenu que leurs propos seraient trahis et qu'il serait nécessaire de toujours les remettre en question, pour ne pas s'éloigner de leur message, de garder aiguisé notre esprit critique. Tentons de retrouver cette sagesse initiale des grands textes pour ne pas « passer à côté » d'une ouverture spirituelle réelle et enrichissante.

> « *Ô paresse, mère des arts et des nobles vertus,*
> *sois le baume des angoisses humaines.* »
>
> Paul Lafargue, *Éloge de la paresse*

On nous élève dans la culpabilité de la paresse. Nous ne sommes pas autorisés à ne rien faire. Pourtant, ne rien faire est non seulement nécessaire de temps à autre mais aussi riche de promesses futures. À la question « qu'est-ce que tu fais aujourd'hui ? », nous ne devrions pas être gênés de répondre avec sérénité : « Rien ! » Mais dans les faits, c'est rarement le cas. Nous n'osons pas, craignant de recevoir en réponse un regard lourd de reproches, voire des critiques acerbes.

Beaucoup de parents voient l'inactivité de leurs enfants d'un mauvais œil et considèrent qu'on ne doit jamais les laisser s'ennuyer. Pour éviter cela, ils ensevelissent leur progéniture sous une masse d'activités extrascolaires en tout genre. Mais l'ennui n'est pas du temps perdu, à partir du moment où il ne se prolonge pas trop longtemps. Les enfants débordent d'énergie et il est bon pour eux qu'ils s'ennuient entre deux périodes d'action. Ce temps, perdu en apparence car il n'est pas immédiatement productif, constitue en fait une parenthèse de repos permettant aux enfants de se remémorer leurs dernières expériences, de réfléchir par eux-mêmes à ce qu'ils ont envie de faire, de prendre du recul et de penser.

« La faculté d'être oisif
est la marque d'un large appétit
et d'une conscience aiguë de sa propre identité. »

Robert Louis Stevenson, *Une apologie des oisifs*

Notre corps a la sagesse de s'arrêter quand il en ressent le besoin et de dormir, car il y a un temps pour agir et un temps pour ne rien faire. On peut très bien rester plusieurs jours au lit pour reprendre son souffle après une période d'efforts particulièrement soutenus. Si l'on ne veut pas courir le risque de s'épuiser, il est indispensable d'alterner périodes d'action et de repos. Observons ce qui se passe dans la nature : après avoir profondément dormi, un chat peut ainsi, en un éclair, retrouver toute sa vivacité et son attention. Et l'hiver, la terre en sommeil se prépare à la grande floraison printanière et aux moissons du lendemain.

Se ressourcer permet de rassembler ses forces afin de construire l'avenir. De la même façon, être à l'écoute de notre corps est essentiel. Nous aurons raison de faire confiance à notre instinct. L'instinct correspond à nos racines, le reste peut venir par surcroît. Il passe par les cinq portes de notre corps, nos cinq sens, nos fidèles récepteurs ouverts sur la vie. Tout ce qui est matière et instinct est pétri d'intelligence. Le caméléon prend la couleur du lieu où il se trouve ; de même, certains insectes adoptent l'apparence de la branche ou de la feuille sur laquelle ils se posent pour ne pas être dévorés par leurs prédateurs. La beauté s'organise en une extraordinaire débauche de formes et de couleurs.

La capacité d'adaptation de chaque organisme à son milieu force l'admiration. Il devrait en être de même pour notre corps car c'est un instrument inimitable. Si nous prenons la peine de l'écouter, nous en serons forcément renforcés, plus intelligents. Il s'agit là d'une intelligence fondamentale, terrienne et primordiale qui nous renvoie à ce lointain et grand héritage animal que nous portons tous au plus profond de nous.

Par la suite, nous pourrons développer notre mental mais dans un premier temps, la priorité est à l'instinct car ce dernier est la part de nous-mêmes que nous bridons le plus. Trop souvent, nous assimilons la culture et la mémoire à l'intelligence, or ils ne sont que les instruments au service de celle-ci. Dans son évolution, l'intelligence ne peut être que globale. Elle ne prend sa véritable dimension qu'en unissant les perceptions de l'instinct, des émotions et de l'esprit.

On nous a appris, dans l'enfance, que tout ce qui était contraignant et difficile était valorisant et méritoire, et que tout ce qui était plaisant et facile était douteux. Bien au contraire ! On n'arrose pas une fleur avec du pétrole, mais en lui apportant ce qui lui est profitable : l'eau, l'humus, l'engrais et la lumière lui permettent un épanouissement parfait. Il en est de même pour nous. Si l'on nous dit « tu es nul, incapable, menteur et voleur », nous deviendrons certainement nuls, incapables, menteurs et voleurs.

C'est avec des compliments et de l'amour que l'on pousse, que l'on devient meilleur. Si nous n'avons pas été entourés, aimés dans notre enfance, il est temps de nous materner aujourd'hui ! Il n'est jamais trop tard. N'allons pas chercher la petite barboteuse déchirée que nous portions à deux ans, donnons-nous plutôt ce dont nous avons le plus manqué. Arrêtons d'être spectateur de notre vie, devenons-en l'acteur et le créateur.

On nous a distribué les cartes d'un destin plus ou moins difficile, mais c'est à nous de jouer avec le jeu que nous avons en main. Nous sommes le seul maître du développement de notre intelligence et de notre libre arbitre. À nous d'apprendre peu à peu à éviter les écueils et à ne pas laisser passer nos chances.

Trop souvent, en effet, nous avons l'impression de vivre une histoire qui n'est pas la nôtre, parce qu'elle a été écrite par nos parents ou nos maîtres à penser pendant notre enfance, notre adolescence et même à l'âge adulte. Nous agissons alors dans une méconnaissance totale de nos capacités et nous sommes si mal préparés à trouver le bonheur que c'est un peu comme si nous tentions désespérément de construire une maison avec un pinceau, ou de peindre un tableau avec un marteau... Quel gâchis ! Nous avons à retourner à notre propre histoire. La découverte de nos vrais outils et de nos capacités va nous permettre d'appréhender l'œuvre à réaliser. Deux bras, deux jambes, une tête plus ou moins farcie d'idées fausses, cinq sens fonctionnant bien en deçà de leurs possibilités, voilà nos outils de départ. Qu'en faire ? En premier lieu, nous devons oublier ce que nous avons appris, nous débarrasser de tout bagage inutile, nous « alléger ». Que pourrions-nous faire de tous ces objets, de toutes ces idées qui ne sont pas les nôtres ? Vidons notre verre de vinaigre pour nous servir un verre de bon vin.

Apprenons à nous purifier de toutes les informations pernicieuses au feu de nos propres certitudes, de nos attentes et de nos intuitions, et pour cela apprenons à prendre de la distance et à passer toutes les informations venant du dehors au filtre de notre propre univers. Nous entendons si souvent que nous sommes trop petits, pas assez cultivés (qu'est-ce que la culture pour un paysan, sans la graine ? Qu'est ce que la culture sans l'intelligence ?), que l'autre sait mieux, qu'il est bon de l'écouter et de faire ce qu'il nous conseille. Souvent, nous cédons à la facilité et nous demandons aux autres de nous aiguiller car ainsi nous n'avons plus de questions à nous poser. On nous montre la direction à prendre et la vie nous paraît tellement plus confortable et rassurante. Seulement, en agissant de cette manière, non seulement nous ne sommes pas libres, mais en plus nous ne pouvons pas nous rapprocher de notre but : être heureux.

Le sage s'interroge lui-même,
le sot interroge les autres.

Proverbe chinois

Il nous faut réapprendre à lire en nous, à écrire, à dire, à exprimer notre propre vérité ! Osons dire « non », osons nous révolter, osons ne pas accepter ce qui nous semble inacceptable. Soyons capables de dire au seuil d'une décision vitale engendrant la peur : « qu'est-ce que je perds ? Pas grand-chose ? Alors j'ai tout à gagner ! » L'audace n'est pas un défaut mais une indispensable qualité pour accomplir le trajet qui nous tient à cœur vers notre paradis terrestre.

Fais ce que dois, advienne que pourra.

Il faut accepter de se mettre à nu pour se reconstruire sur des bases saines. Les oripeaux dans lesquels nous nous cachons depuis si longtemps, étriqués ou trop larges, et toujours bien trop encombrants doivent disparaître afin que peu à peu nous trouvions le vêtement qui nous convient, à notre taille, à notre style. Et, pourquoi pas, du sur mesure ?

COMPRENDRE

Après avoir entrepris et appris, nous commençons à comprendre.

Nous avons déjà trouvé deux clés pour avancer sur le chemin qui nous conduit vers la découverte de notre paradis terrestre : elles se nomment « entreprendre » et « apprendre ». Les leçons que nous en avons tirées nous ont permis de progresser suffisamment pour commencer à COMPRENDRE.

Plus on sait, moins on affirme.

Vous avez certainement déjà remarqué à quel point nous sommes entourés de donneurs de leçons. C'est à se demander s'il n'y aura pas bientôt plus de maîtres que d'élèves ! À chaque fois que quelqu'un trouve un tout petit morceau du grand puzzle que forme le monde qui nous entoure, quelle que soit la découverte médicale, scientifique ou philosophique dont il est l'auteur, il croit détenir LA vérité. Dans l'euphorie et la fierté de la découverte, chacun s'empresse de proclamer que sa méthode est la bonne, en refusant de voir que ce petit morceau de vérité ne signifie rien sans les autres, comme une seule goutte d'eau séchant sur le sol si elle ne rejoint pas les autres gouttes de la rivière ! Une idée unique est une idée morte. Une véritable idée part de l'imagination, se mêle à d'autres, se confronte, bouge, s'articule et s'enrichit au contact des différences. Elle ne peut exister qu'en évoluant sans arrêt. J'entends souvent des chercheurs affirmer, avec un aplomb et une bonne foi désarmants, avoir trouvé la cause de certaines maladies ou le moyen de les guérir. Or, si chacun peut effectivement avoir une approche intéressante, une idée nouvelle rejette trop souvent les autres en voulant naviguer seule.

Un exemple ? « Le stress est à l'origine du cancer ! » Si, à l'auteur de cette assertion, vous parlez d'Hiroshima, de Tchernobyl ou du « terrain » que constitue l'apparition d'un même cancer à de nombreuses reprises dans une famille, il refusera d'entendre vos arguments, trop occupé à prouver par tous les moyens la supériorité de sa thèse sur les autres. Or un cancer peut être dû au stress, mais également à des facteurs extérieurs comme le tabac, l'amiante, la pollution, ou à des prédispositions familiales. Mais, pensant avoir tout compris, certains scientifiques affirment ce qu'ils croient être l'unique vérité de façon péremptoire, refusant tout recul critique. Un peu de modestie ne serait pas inutile ! Dans deux cents ans, dans mille ans, nos descendants souriront certainement de l'état de nos connaissances. Quand les archéologues partent à la découverte des premiers hommes et des anciennes civilisations, avec quelle délicatesse avancent-ils ! Armés d'un pinceau, légèrement, ils découvrent objets et ossements en progressant pas à pas. Ne devrions-nous pas faire preuve d'autant de prudence lorsque nous portons nos regards en direction de l'avenir ? Il est vrai que nous sommes pressés. Nous sommes entourés d'une multitude de savants, de grands maîtres, de gourous, de sectes, d'églises, dans une société qui nous empêche bien souvent de penser par nous-mêmes. Le moment est venu de secouer tout ça et d'écouter attentivement nos propres certitudes, nos propres attentes et nos propres intuitions. La clairvoyance est à la portée de tous. Pour cela, nous avons compris comment prendre de la distance et passer toutes les informations venant de l'extérieur au filtre de notre propre univers. Mais nous entendons si souvent que nous ne sommes pas à la hauteur de la tâche, en raison de notre manque de culture ou d'expérience, et que nous aurions tout intérêt à écouter et suivre les conseils de tierces personnes, que nous avons perdu l'assurance nécessaire pour nous octroyer le premier rôle dans notre vie.

Beaucoup parlent de leur « quête spirituelle », mais en quoi consiste-t-elle ? Quelle est la quête de l'arbre, sinon être bien enraciné dans la terre, pour développer naturellement feuilles et fruits (ce que nous verrons dans le chapitre suivant) ? Être spirituel, c'est développer son intelligence et son cœur sans limites, pour mieux comprendre. Hors de la matière, point de salut : pas d'arbre sans racines, pas de maison sans fondations ! C'est par l'intermédiaire de ce que nous allons créer, de l'œuvre que nous allons placer au cœur de notre vie que nous allons peu à peu lever le mystère sur nous-mêmes tout en exprimant notre personnalité.

Dans les Écritures, il est dit : « Dieu a eu besoin de sa création pour se reconnaître. » De la même manière, le peintre, le sculpteur et le musicien ont besoin de créer pour se reconnaître dans leur œuvre. Reconnaissons-nous dans nos créations, qu'elles soient artistiques ou de l'esprit, que nous mettions un enfant au monde, que nous bâtissions notre maison ou que nous fassions de notre vie une fête de plaisirs et de joies partagés avec les autres. Alors, nous aurons compris.

Il ne faut pas confondre le terme de « concession » avec celui de « compréhension ». La concession implique la notion d'abandon tandis que la compréhension permet d'apprendre et d'entrer dans l'histoire de l'autre. Lorsqu'on fait une concession, on peut toujours y perdre une part de soi. C'est un choix à faire en connaissance de cause mais il existe toujours dans cet acte une part de trahison de soi-même. La compréhension, au contraire, nous incite à considérer l'autre sans qu'il y ait un quelconque renoncement de notre part.

La compréhension de la vie doit se faire sans effort. C'est une mutation qui se fait seule ou ne se fait pas ; personne ne peut nous y aider. Quand nous voyons quelqu'un se débattre dans des difficultés que nous avons connues avant lui, seul notre silence, une façon d'être simplement présents, disponibles, attentifs et discrets, sans jamais le juger, peut lui être utile. Mais toute décision ne pourra se prendre que seuls face à nous-mêmes.

Nous sommes propriétaires de notre vie, nous avons la liberté d'en faire un « chef-d'œuvre » ou de la laisser partir à vau-l'eau ; à nous de la mener à bon port ou de nous laisser dériver. Si nous nous laissons ballotter de droite et de gauche sans prendre d'initiative, nous risquons de passer de situations difficiles en circonstances douloureuses avec un oppressant sentiment d'impuissance, au lieu d'apprendre à être heureux dans chaque domaine de notre existence : financier, professionnel, spirituel et affectif. L'étymologie du verbe « comprendre », c'est « prendre avec », c'est-à-dire avec l'intelligence instinctive, l'intelligence sensible et l'intelligence de l'esprit. Cette compréhension ne saurait être strictement mentale, elle doit pour être totale s'appuyer sur notre sensibilité et notre instinct. Il n'est pas souhaitable de diviser notre corps, notre âme et notre esprit. Si une seule de ces trois parts de notre personnalité n'est pas à son aise, l'équilibre est rompu et notre bien-être général est remis en question. Si nous ne comprenons qu'avec notre tête, nous sommes amputés d'une partie de nous-mêmes. Si nous ne comprenons qu'avec nos émotions, nous sommes privés de lucidité et de bon sens, et si nous ne comprenons qu'avec notre instinct, c'est un moindre mal puisque, partant de nos racines les plus animales, il a les moyens de parcourir le chemin qui mène aux autres niveaux d'intelligence.

Dans le métro, assis à côté de quelqu'un dont nous n'avons pas même vu le visage, il arrive que nous ressentions d'emblée un malaise. Comment se fait-il que nous ne puissions pas supporter une personne dont nous ignorons tout ? Comment peut-on nommer cette perception mystérieuse qui nous fait rejeter l'autre ? C'est l'instinct. À la seconde où, ressentant un malaise indéfinissable, nous nous tournons vers cette présence importune, la vue renforce notre première impression. En essayant de ne rien montrer, nous sommes obligés de nous lever et de changer de place pour retrouver notre calme.

Même si notre instinct ne fonctionne pas toujours aussi bien, nous devons apprendre à ne pas accepter ce qui nous agresse, à prendre de la distance et à ouvrir notre réceptivité à ce qui nous est agréable, à ce qui nous nourrit.

Ce que nous vivons aujourd'hui n'est pas gravé dans le marbre. Le fardeau de la fatalité que nous sentons si souvent peser sur nos épaules est une illusion. La fatalité n'est qu'une façon pessimiste d'envisager son destin. Mais même si nous sommes conscients de notre capacité à intervenir à tout moment sur le cours de notre destinée, nous rencontrerons « fatalement » des écueils. Nous aurons parfois l'impression d'avoir atteint la plénitude et d'avoir tout compris, et le lendemain nous retrouverons notre détresse initiale. Qu'importe ? On ne comprend pas tout d'un seul coup. Il ne faut surtout pas se laisser décourager par ces périodes où l'on est dans le creux de la vague. Nous sommes pris dans le mouvement d'une roue qui tourne inlassablement. La logique même exige que nous descendions à certains moments tout en bas pour traverser des épreuves difficiles, puis que nous relevions la tête pour nous élever de nouveau dans les hauteurs, jusqu'à ce que le cycle recommence. Ces mouvements permanents ne laissent jamais de place au laxisme. Nous sommes en constante mutation car nous sommes intensément vivants !

La vie ne demeure jamais immobile :
si vous n'avancez pas, vous reculez.

Proverbe germanique

Les épreuves d'aujourd'hui nous apportent souvent en cadeau une prise de conscience qui nous permettra de mieux gérer les lendemains, qu'ils chantent ou non. Tout en conservant la curiosité et l'émerveillement de l'enfance, conduisons-nous comme d'intrépides aventuriers à la conquête de terres nouvelles, sans oublier un seul instant que nous sommes les bâtisseurs de notre vie.

Les regards en arrière sur notre passé sont le grand danger qui nous empêche d'entreprendre. On ne peut pas à la fois se tourner sur les souffrances vécues et avancer vers ce que nous avons envie de vivre. Je n'ai jamais vu un arbre pleurer sur les feuilles mortes de l'année passée, car elles lui servent d'humus pour croître et prospérer l'année suivante.

Dans la Bible, Loth, un patriarche averti par des anges de la prochaine destruction de Sodome, put s'enfuir avec les siens sous la condition qu'ils ne regarderaient pas derrière eux. La femme de Loth désobéit et fut changée en statue de sel.

Dans la mythologie grecque, Orphée, puissant poète légendaire dont le mythe donna naissance à une grande tradition poétique de célébration de la nature, descendit aux Enfers pour en ramener son épouse Eurydice. Hadès consentit à la lui rendre, à condition qu'il ne la regarde pas avant d'être sorti du royaume des morts. Mais, pris du doute que Eurydice ne le suive pas, il ne parvint pas à résister à la tentation, se retourna et provoqua ainsi la seconde mort de sa femme.

Si nous devons tirer une seule leçon de ces différentes légendes, c'est que regarder en arrière pour contempler les erreurs du passé ne permettra jamais de les effacer ou de les réparer. La culpabilité nous immobilise et la seule façon d'en guérir et de se sentir mieux, c'est de continuer à vivre intensément le présent, de choisir consciemment sa direction et de foncer ! Il n'est plus temps d'essayer de modifier ce qui a été fait ou négligé autrefois. Il est essentiel de comprendre que le seul temps véritablement perdu, c'est celui où nous ne vivons pas par nous-mêmes mais par procuration. Nous avons à vivre au présent, avec nos propres moyens.

Hier n'est qu'un rêve,
demain n'est qu'une vision.
Mais un aujourd'hui bien vécu
fait de chaque hier un rêve de bonheur
et de chaque demain un rêve d'espoir.
Par conséquent, envisagez bien ce jour.

C'est en commençant à faire notre « soupe » avec ce qui est à notre disposition que nous comprendrons à quel point la vie nous appartient et que de multiples opportunités s'offrent à nous pour peu qu'on se donne la peine de les saisir ! Prenons la vie à bras-le-corps, plutôt que de la goûter du bout des lèvres, et nous réaliserons combien elle peut être savoureuse, étonnante, douce, acidulée ou épicée. Il est plus que temps de passer à table ! Faisons bombance avec ce qui se trouve à notre disposition avant de déplorer ce qui nous manque et nous découvrirons plus tard de nouveaux ingrédients que nous n'avions pas encore remarqués… Et au fur et à mesure de notre cheminement intérieur, nous aurons accès à des saveurs de plus en plus nombreuses et de plus en plus subtiles.

« Le bonheur est à ceux qui se suffisent à eux-mêmes. »

Aristote

PRENDRE

Après avoir entrepris, appris et commencé à comprendre, nous allons maintenant pouvoir trouver notre place.

Il est temps à présent de PRENDRE notre place, notre force et notre créativité. Après avoir regardé le chemin parcouru, nous avons à nous affirmer, à trouver nos convictions personnelles pour continuer notre route.

Le monde appartient à qui sait le prendre.

Nos cinq sens, dont on a vu à quel point ils sont porteurs de connaissances, de plaisirs et d'enrichissement, sont à la fois émetteurs et récepteurs. Ils nous permettent de prendre tout notre pouvoir terrestre en accord avec ce que nous sommes. Nous allons donc laisser entrer en nous une multitude de sensations bénéfiques. Sentir les odeurs de la terre, les effluves d'un feu de bois, entendre les sons apaisants de la rivière, enfouir nos pieds dans du sable chaud, savourer la fraîcheur bienfaisante d'une pluie d'été sur notre visage... L'olfaction et l'audition tiennent dans notre vie une place prégnante, tantôt agressive, tantôt nourrissante et douce. Les sons, les odeurs d'eau, de nature, le vent dans les feuilles, le chant des oiseaux sont autant de plaisirs à se donner. C'est par l'intermédiaire de nos sens que nous nous incarnons physiquement dans ce monde, et le plaisir que nous en retirons est le petit frère du bonheur. Nous pouvons le ressentir tous les jours. Il est constamment à notre portée, gratuit et inépuisable ! N'hésitons donc pas à en faire largement provision pour ne pas laisser passer le train du bonheur le jour où il se présente.

Chaque fois que nous nous réjouissons, nous activons entre nos neurones une multitude de connexions qui produisent des influx nerveux. Si nous ne nourrissons pas nos sens, les influx nerveux seront moins nombreux et nous serons tout simplement moins vivants, moins présents à nous-mêmes et donc moins aptes au bonheur.

Comment notre cerveau pourrait-il être en mesure de diriger harmonieusement notre pensée si nous ne lui donnons pas l'énergie nécessaire ? Il lui faut du grain à moudre et nos cinq sens sont là pour ça : écoutons et regardons, développons notre curiosité du monde afin d'entrer en communion avec tout ce qui nous entoure.

« Mais c'est autour de vous,
et au prix d'un simple regard,
que vous apprendrez la chaleur palpitante
de la vie. »

Robert Louis Stevenson, *Une apologie des oisifs*

Nous avons à réveiller une mémoire lointaine, pour retrouver un rythme de vie naturel, harmonieux et ludique, à l'instar de certaines tribus, que l'on nomme parfois à tort primitives et qui ont su préserver les liens entre l'homme et la nature. Les animaux, qu'ils soient sauvages ou domestiques, ont eux aussi conservé une acuité que nous avons perdue. Plusieurs jours avant un tremblement de terre, les oiseaux, les chats et de nombreuses espèces animales sentent approcher le danger et s'enfuient. Si nous ne savons toujours pas comment c'est possible, cela n'en constitue pas moins un fait avéré.

Pourtant, nous avons gardé en nous une mémoire minérale, comme en témoigne la présence dans notre organisme de minéraux ; une mémoire végétale, car il nous reste un système végétatif ; une mémoire animale, et c'est cet instinct qu'il nous faut retrouver pour parvenir à l'harmonie entre le corps et l'esprit. Nous sommes habités par une mémoire millénaire. Apprenons à feuilleter ce livre qui est en nous… Car si nous avons gagné en intellect, nous avons perdu en cours de route ces précieuses mémoires minérale, animale et végétale : ce que nous appelons souvent l'inconscient collectif. Nous avons dirigé notre mental vers un type de savoir qui nous fait oublier et mépriser toutes les richesses dont nous disposons et dans lesquelles nous pourrions puiser des enseignements.

Contrairement à certains animaux, nous n'entendons plus les ultrasons, pourtant je me souviens avoir un jour entendu par trois fois le son d'un sifflet à ultrasons. On m'a ensuite affirmé que c'était impossible. J'ai donc voulu réessayer et je n'ai plus rien entendu. Pourquoi ? Parce que mon mental était à ce moment-là sur le qui-vive dans le but conscient d'entendre ces sons. Quand nous développons une attention trop cérébrale, nous devenons spectateurs de l'action et nous mettons en sommeil l'instinct qui nous permet de faire corps avec ce que nous rencontrons.

Notre corps est un outil fantastique et un véritable agent de renseignements. Être à son écoute, c'est être à l'écoute d'une certaine sagesse, parce que, comme nous l'avons dit auparavant, « le corps a ses raisons que la raison ne connaît pas ». Mais qu'il s'agisse de l'esprit ou du corps, ils peuvent s'entraider et marcher de concert. Quant notre esprit ne va pas bien, notre corps peut l'aider ; quand notre corps est souffrant, l'esprit peut également venir à son secours. Combien de fois nous écrions-nous : « Déjà treize heures ! Je file déjeuner ! », alors même que nous n'avons pas faim. Ou : « Il est temps d'aller dormir ! » et nous n'avons pourtant pas sommeil. Alors que les animaux s'endorment uniquement quand ils sont fatigués. Arrêtons d'agir selon des automatismes absurdes, en dépit de ce que dit notre corps. Nous passons notre vie à le contrarier, au risque de nous rendre malades. Pourquoi nous forcer à entendre des sons qui nous sont désagréables, à regarder ce qui est déplaisant, à manger sans faim ? Si la vie ne le permet pas toujours, autant vivre en harmonie avec nous-mêmes chaque fois que nous le pouvons.

On a la chance que l'on se fait.

Certains préfèrent le rapport de force. Par exemple, un de mes amis vit à côté d'un aéroport et se refuse à déménager. Il a ses habitudes et estime que c'est à ceux qui le dérangent de bouger. Dans sa lutte éternelle du pot de terre contre le pot de fer, il se détruit par orgueil alors qu'il lui serait plus simple de changer d'horizon pour améliorer son bien-être. Avec des raisonnements de cet acabit, certains restent vingt ans à exercer un métier qui ne leur plaît pas, en couple avec un homme ou une femme qu'ils n'aiment plus, et tout cela par peur du risque, du changement. Nous craignons l'inconnu et la nouveauté et nous nous y heurtons par peur. Chacun se prive ainsi, par un réflexe de défense, de découvertes qui peuvent être importantes à travers les rencontres, les nouvelles expériences et les multiples perceptions de tout ce qui nous entoure, ou tout simplement à travers la présence de quelqu'un qui nous agresse par sa différence.

Change de ciel, tu changeras d'étoile.

Le grand piège de nos sens, c'est un esthétisme exacerbé. On peut n'accepter que ce qui semble beau et harmonieux. C'est pourquoi il est si important d'être ouvert sur nos cinq sens et de les faire fonctionner tous ensemble. Quelqu'un peut blesser notre regard et avoir une voix magnifique ou l'inverse. En nous laissant arrêter par un seul aspect, nous risquons de nous priver d'une formidable rencontre ou d'une sensation nouvelle.

Retrouver l'instinct est le seul moyen de nous tromper beaucoup moins. Quand nous sommes séduits à tort, nos sens nous alertent immédiatement. C'est avec notre intelligence trinitaire, corps-âme-esprit, que nous pouvons aborder le monde. Si ces trois chevaux ne marchent pas ensemble, nous ne nous accordons pas. C'est alors que la catastrophe nous guette, car nous marchons à côté de nous-mêmes. Si nous nous servons exclusivement de notre part émotionnelle, bouleversés, nous avançons en aveugle, totalement désorientés et fragilisés. Si l'intellect domine, nous nous égarons dans le labyrinthe de l'analyse et nous nous contentons d'un rapport froid et distant avec les expériences que nous offre la vie ! Finalement, c'est en fonctionnant à l'instinct que nous sommes sûrs de ne pas nous perdre, même si nous devons développer par la suite le cœur et l'esprit. À travers l'instinct, ce sont nos racines et nos fondations qui commandent. Certains pensent que pour se concentrer sur une tâche, sur une réflexion, il faut se fermer à toutes sensations. Or on peut parfaitement se servir de ses sens pour être à l'écoute de quelque chose qui se passe en nous. On va voir certaines lumières les yeux fermés, on va entendre certains sons… Dans nos rêves aussi, les sens, bien qu'endormis, sont toujours en alerte et nous informent constamment sur la réalité extérieure et sur notre réalité intérieure. On peut rêver d'odeurs, avoir des visions colorées, ressentir du plaisir ou de la douleur.

Certaines musiques, des rythmes africains par exemple, nous incitent à danser mais peuvent aussi nous faire vivre l'expérience d'un quasi-dédoublement de la personnalité, presque une perte de conscience. Ce n'est pas vrai pour tout le monde. Pour que ce phénomène se déclenche, la musique doit raisonner en nous et nous ne sommes pas tous sensibles aux mêmes harmonies : certains frissonnent en écoutant Bach et d'autres pas. À certaines périodes de la vie, même un authentique mélomane peut éprouver le besoin de ne plus entendre de musique. Dans ces moments-là, nous préférons utiliser d'autres sens et nous nous tournons vers d'autres plaisirs, tactiles, olfactifs ou visuels. Tant mieux car, ainsi, nous diversifions les sources de plaisir, nous développons nos expériences sensorielles et notre connaissance empirique du monde. Le secret est d'être vigilant et de laisser les portes ouvertes. Et, bien sûr, de filtrer « les perceptions » en donnant le plus d'espace à ce qui nous est agréable et en fermant la porte à ce qui nous est pénible, voire néfaste, ainsi qu'aux jugements de valeur. Au cours de ces expériences, nous nous efforcerons de mettre à distance les avis extérieurs pour nous concentrer sur nos propres découvertes. Peu à peu, nous en viendrons à tout ressentir autrement, sans aucune influence de notre éducation ou de notre entourage.

Notre esprit ne peut pas penser à deux choses à la fois. S'il est occupé par des perceptions agréables liées non pas au mental mais à l'univers sensoriel, il accordera de moins en moins de place aux pensées négatives. Notre esprit, en accord avec notre instinct, sera donc plus fort pour faire face à tout ce qui est pénible et désagréable et qui, d'habitude, nous submerge. Certains appellent ça « la pensée positive », mais je préfère parler de « la pensée mariée à l'instinct ». Avec un peu de pratique, nous nous surprendrons : nous aurons pris place dans une énergie nouvelle, nous aurons plus de force pour nous aider et aider les autres par notre qualité d'être et notre rayonnement. Ce n'est pas en emmagasinant toute la laideur du monde que nous le ferons bouger. C'est par notre enthousiasme, notre foi, notre capacité à rêver et à plonger dans le terreau fertile de l'inconscient collectif. Tous les grands musiciens, les grands artistes, les grands scientifiques ont d'abord imaginé avant de créer et donner une forme à leurs rêves.

Apprenons à résonner, au lieu de raisonner.

Soyons comme une cymbale sur laquelle la vie frappe et déclenche une musique qui nous fait vibrer.

Si nous voulons prendre la place dont nous avons besoin et muscler notre cœur, pas question de garder une culpabilité latente car elle ne servirait qu'à nous affaiblir. Nous ne pouvons changer les choses qu'au présent et c'est le présent qui nous permet, souvent, de réparer ou de ne pas répéter les erreurs du passé. Nous devons accepter de nous tromper, et si nous retombons dans les mêmes pièges, tant mieux !

« Faites des bêtises, mais faites-les avec enthousiasme. »

Colette

Qui peut s'autoriser à me dire ce qui est bon pour moi ? Moi seul peut savoir qui je suis et ce que je veux vivre après m'être trompé plusieurs fois. À force de se tordre les pieds, on finit par regarder où on les met ! Pour trouver le chemin du bonheur, pour savoir qui je suis, il est essentiel de clamer haut et fort « moi je », avant d'entrer dans le jeu des autres. Il est indispensable d'affirmer son identité et de refuser un certain temps la différence. L'intransigeance et même la révolte sont des étapes salutaires pour découvrir notre personnalité. Si ce n'est pas le but de notre séjour terrestre, c'est souvent un passage obligé. Quand on démarre dans la vie, il est primordial de prendre sa place face aux autres. Si on ne s'est pas affirmé dans sa jeunesse, si on s'est fait déborder, manger par les autres, il faudra bien passer un jour ce cap afin de trouver le chemin qui nous convient.

Cogito ergo sum : « Je pense donc je suis. »

C'est à partir de cette formule limpide et terriblement ambitieuse que René Descartes a développé toute sa philosophie, en remettant systématiquement en question tout ce qui lui avait été inculqué pour le confronter à sa propre expérience des choses et des hommes. Pour tout être humain, cet exercice de « table rase » est le point de départ obligé de l'affirmation de soi.

« Moi je » et « non » sont les sésames qui ouvrent les portes de l'existence ! Le premier mot qu'un enfant exprime, avant même de dire papa et maman, c'est « non » et il ne se lasse pas de le répéter sur tous les tons, s'en gargarise car il sait instinctivement créer un barrage entre lui et les influences extérieures. Par la suite, il oublie, nous oublions de dire « non », même si nous le pensons quelquefois. Nous le remplaçons par « oui peut-être », « je vais voir » ou « on verra ». En refusant de dire non, nous nous faisons violence. Paradoxalement, en acceptant ce que l'on souhaiterait secrètement refuser, on se referme sur nous-mêmes, on s'empêche d'être et de vivre. Contrarier ainsi sa nature et ses aspirations ne peut conduire qu'au déni de soi et à la frustration.

Les apôtres de la nouvelle pensée *new age* et les donneurs de leçons en tout genre nous disent d'enterrer « l'ego », de « lâcher prise », de « faire le deuil », etc. Souvenons-nous que les conseilleurs ne sont pas les payeurs et que seul l'ego nous structure ! Dans le carcan des moules imposés, des schémas familiaux et éducatifs, des rails mis en place par la société, il est notre premier outil pour développer notre personnalité, celle que nous avons reçue à la naissance. Nous devons utiliser le filtre du « je » pour ne pas avoir peur que notre feuillage dépasse la forêt. Et si l'on nous reproche de faire preuve d'orgueil, ne craignons pas d'appeler cela de la fierté. Quand nous aurons trouvé notre propre essence, alors nous pourrons sans crainte nous mélanger aux autres. Que pouvons-nous donner aux autres si, n'ayant pas affirmé notre personnalité, nous nous contentons de répéter le refrain entendu depuis l'enfance ? Nous devons sortir des rangs pour pouvoir, plus tard, affermis par notre connaissance de nous-mêmes et du monde, y retourner sans avoir peur de nous y noyer.

Le jour où nous serons bien assurés, solides sur nos bases, nous pourrons « lâcher » notre ego, devenu un outil inutile puisque notre maison sera construite. L'union avec le grand tout se fera alors d'elle-même. Notre regard se projettera sur la nature, sur les autres. Plus nous trouvons notre harmonie, plus notre identité se dessine. Le risque de se perdre disparaît. Mais tant que nous risquons d'être prisonnier de notre environnement, il n'y a pas d'autre issue que de construire le « je ».

Dès l'enfance, on nous apprend à écouter les autres en prétendant qu'ils savent mieux que nous. Un jour, lorsque j'étais enfant, un de mes oncles, prêtre dominicain avec lequel je discutais, m'a rétorqué, horrifié de mon discours : « Tu es d'un orgueil ! Il y a des gens plus intelligents que toi qui ont fait ça, qui ont écrit ça, et tu ne les écoutes pas. » Je lui ai rétorqué : « C'est moi qui suis née, c'est moi qui meurs, c'est moi qui pense. » J'avais onze ans ! Ne dit-on pas que la vérité sort de la bouche des enfants ? Alors gardons résolument l'audace de notre enfance au fond du cœur. Cela m'a sauvé !

Penser à vingt ou trente ans que l'autre a toujours raison est une énorme erreur. Nous sommes nombreux à passer d'une information à l'autre, d'une séduction à l'autre, à subir des contradictions, trouvant dans le discours de chacun quelque chose d'intéressant, sans avoir le recul du jugement critique, par manque de confiance en nous.

« Tu manques de confiance en toi
et je veux te débarasser de cette infirmité
qui fait boiter ton bonheur. »

Jules Supervielle, *Shéhérazade*

Chercher dès le début de sa vie à nuancer ses opinions, c'est prendre le risque de se perdre dans le regard de l'autre et de ne jamais trouver sa couleur. Après s'être affirmé rouge, bleu, jaune, vient le moment d'enrichir sa palette, de découvrir des nuances, de mêler le jaune et le bleu pour devenir vert. On nous donne des crayons de couleurs, à nous de tracer les contours de notre destin.

Les adolescents pratiquent parfois un jeu oratoire très utile à la sauvegarde du « je ». Le but pour celui qui s'exprime est d'adopter un point de vue qui lui est totalement étranger et de prouver aux autres, avec force et arguments, qu'il a raison, pour démontrer ensuite avec la même force exactement le contraire. C'est très amusant et cela permet de démystifier la prétendue valeur des points de vue autorisés. Si une chose est vraie et que son contraire n'est pas faux, il n'y a pas de vérité absolue et c'est à chacun de former les siennes. Pour y parvenir, il faut, autant que possible, s'efforcer de porter un œil neuf sur toute chose, former peu à peu son jugement tout en se méfiant de notre tendance naturelle à adhérer aveuglément aux opinions formulées par d'autres. Il s'agit là de trouver son chemin au cœur d'un vrai labyrinthe intérieur, mais le jeu en vaut la chandelle ! À chacun son territoire !

Chaque journée charrie son flot de questions. Avoir systématiquement raison n'est pas possible car de nouveaux points d'interrogation apparaissent en permanence. La vérité a ses propres fluctuations et s'adapte aux événements. La seule vérité immuable est notre vérité intérieure.

Bannissez de votre esprit l'éternel ballet des questions du type : « Qui suis-je ? Où vais-je ? », car elles ne vous mèneront nulle part. Essayez plutôt de vous pencher sur les questions suivantes : « Qu'est-ce que j'aime ? Où est mon désir ? Où sont mes envies ? Que faire ? Qui rencontrer ? Quel métier exercer ? Quels amis fréquenter ? »

Car, voilà un point essentiel, les amis ne sont pas forcément ceux qui me regardent avec un sourire et acceptent tout ce que je dis. Je peux aller à la rencontre de ceux qui me plaisent et que je trouve extraordinaires.

C'est une loi de la nature : il est sectaire d'établir son territoire à travers le rapport de forces avec les autres. Cet apprentissage se fait par le jeu. Trouver sa force n'implique pas de tomber dans l'usage de la violence même si, pour se défendre, c'est parfois nécessaire. Regardez les chiots, les lionceaux et les petits des animaux en général : ils chahutent, se bagarrent, jouent et se forgent ainsi une personnalité dans le plaisir partagé.

Un petit enfant met tout à sa bouche, rapporte tout à lui. Il goutte et prend conscience du monde, définit son territoire et repère ce qui est possible, ce qui lui appartient ou pas, ainsi que les limites qui l'aideront à se constituer. L'enfant prend le jouet d'un copain et veut le garder ; il hurle si on le lui retire et se comporte dès le départ comme un prédateur. Il ne sait pas encore marcher qu'il expulse déjà les intrus hors de son parc ! Pourquoi ne pas faire en sorte que, tout petit, un enfant dispose déjà d'un territoire établi : par exemple, une chambre aux prises électriques obturées, sans interdit. Les interdits surgissent trop vite et trop nombreux dans la vie de nos enfants, qui finissent par ne plus les entendre. Pourquoi ne pas avoir le bon sens d'interdire à bon escient et plus rarement ? Ils pourraient de cette façon développer leurs désirs, leurs goûts, leur pouvoir et leur plaisir, sans aucun danger. Cessons de reproduire un système éducatif totalement daté, à l'instar de ces livres qui répètent les mêmes conseils éducatifs depuis des décennies ! Nous éduquons trop souvent nos enfants de la même façon que nous l'avons été, avec les mêmes principes, les mêmes certitudes et les mêmes leçons. Qu'est-ce que veulent dire au juste des réflexions comme « à ton âge, je n'étais pas comme ça » ? Étions-nous donc si parfaits ? Ainsi, nous nous présentons à nos enfants comme des dieux qui savent tout et qui ont tout réussi du premier coup. Pourquoi ne pas dire au contraire : « À ton âge, j'étais dix fois pire ! Si tu savais d'où je reviens. » La seule éducation qui devrait être donnée, c'est celle qui dit : « Fais tout ce que tu veux, mais la liberté s'arrête là où commence celle de l'autre. » C'est largement suffisant. C'est apprendre à sentir les limites nécessaires : « Attention, là, ce n'est pas mon territoire... » Ou « Ce n'est pas mon pied, c'est celui de l'autre ; attention de ne pas marcher dessus. » Si nous élevions nos enfants avec pour seul interdit l'univers de l'autre et pour seule obligation le respect de l'autre, ce serait une autre histoire ! Nous, adultes, nous devons être vigilants toute notre vie à faire respecter notre territoire, à laisser notre personnalité s'exprimer librement et à prendre ce qui nous appartient. Nous devons nous donner le pouvoir pour prendre notre place tout en laissant l'autre prendre la sienne.

Grandir et nous déployer sur notre territoire sans jamais nous laisser envahir nous permet, selon la logique animale, de ne pas avoir besoin d'envahir le territoire de l'autre. L'être humain qui accepte l'agression est celui qui n'a pas établi son territoire. La dynamique de la vie n'est pas un abandon mais une force extrêmement puissante qui nous oblige sans cesse à être actif et en état d'alerte. Pour développer ce plaisir de la vie, nous avons à notre disposition trois types de forces grâce auxquels tout est possible :

– le pouvoir de transformer ;

– le pouvoir de nous libérer de ce qui nous empêche d'avancer ou de libérer nos potentialités ;

– le pouvoir de réunir nos énergies pour obtenir ce que nous voulons.

Et si nous avons à accueillir le plaisir de la vie, sachons refuser avec autant d'audace ce qui nous agresse, nous démobilise et nous fait perdre notre direction.

Le courage croît en chantant
et la peur en hésitant.

Apprenons à ne pas rester paralysés par nos peurs : peur du temps qui passe, de ne pas être dans la course, ou du regard des autres. Chaque fois que nous sommes étreints par la peur et l'angoisse, nous ne sommes pas nous-mêmes. Et chaque fois que, face à un événement ou une action, nous imposons ce « je », toute notre force est à notre disposition. Si nous trouvons notre identité, nous pouvons nous affirmer dans ce qui est le plus essentiel pour nous, même si tout le monde nous est hostile.

Quand j'étais enfant, véritable canard dans une couvée de poussins, je répétais comme une prière : « Tous les êtres humains de la Terre peuvent être contre moi pour me faire plier, prêts à me tuer avec des fusils, je suis prête à mourir pour mes idées. » Beaucoup plus tard, j'ai réalisé à quel point ce « je » avait été salvateur et m'avait permis de prendre profondément ma place.

Il n'est de pire fruit
que celui qui ne mûrit jamais.

Proverbe italien

Lorsque certains nous conseillent de « mettre notre ego de côté », je suis perplexe, voire tout à fait réprobatrice. Oublier son ego, n'est-ce pas avant tout s'oublier soi-même et prendre le risque de s'égarer dans les certitudes des autres, de perdre sa confiance en soi, de ne plus savoir qui on est, de ne pas faire le métier que l'on aime, de ne pas vivre les amours que l'on désire ?

Lorsque nous disons de quelqu'un « quel ego il a ! Il n'a pas trouvé son identité, sinon il n'aurait pas besoin de l'étaler ainsi », ou « quelqu'un de narcissique ne s'aime pas », ou encore « il a besoin de se contrôler constamment parce qu'il n'est pas sûr de lui », nous nous trompons lourdement ! Car pour partager avec les autres, il faut d'abord être à l'aise avec soi, saisir dès le réveil chaque occasion de s'offrir un des menus ou grands plaisirs de l'existence afin de se sentir bien, ainsi que nous l'avons vu dans les précédents chapitres. Peu à peu, nous devenons attentifs à chaque sourire offert par la vie et nos sens largement ouverts laissent pénétrer en nous la beauté de l'univers. Plus tard, nous découvrirons que le bonheur réside au plus profond de nous et tout naturellement, nous souhaiterons le partager avec les autres.

Par la rue de « plus tard »,
on arrive à la place de « jamais ».

Pour contrer la peur, il est utile de la remplacer par une dynamique dans laquelle on se fait plaisir à chaque instant de façon outrancière. Au cours de notre cheminement vers le bonheur, nous ferions alors fausse route. Il n'en résulterait qu'une profonde insatisfaction et de l'angoisse, celle de ne jamais être rassasiés, de ne vivre que de désirs inassouvis. Prenons là encore exemple sur les animaux et les plantes qui, d'une façon immanente, sont toujours présents au plaisir de la vie.

« L'arbre de la tristesse,
ne le plante pas dans ton cœur.
Relis chaque matin le livre de la joie. »

Omar Khayyâm, *Robâïât (quatrains)*

Toutes les occasions sont bonnes pour prendre du temps pour soi, prendre le temps de regarder les autres et la nature ou de partager des fous rires avec ceux qui nous sont chers, car si le fou rire est communicatif c'est que tout le monde a la faculté de réveiller en soi une joie qui ne demande qu'à s'exprimer librement.

S'il peut être aisé d'afficher un grand sourire en début de journée et de le conserver jusqu'au soir comme une arme, il en est autrement pour le rire. Si nous essayons de le forcer, nous n'obtiendrons qu'une pauvre grimace. Le rire est le reflet d'une jouissance du corps et il ne peut éclater qu'en étant attentif à la drôlerie, à l'humeur de quelqu'un, à une situation insolite ou décalée. Le rire est quelquefois méchant, mais celui qui jaillit spontanément et nous enflamme comme si chacune des cellules de notre corps explosait de joie n'est jamais mauvais. À l'inverse du rire qui prend le temps de juger et de se moquer, et même s'il est causé par le ridicule d'une situation. Il y a une immense différence entre rire et ricaner.

Je me rappelle avoir un jour dégringolé les escaliers du métro, juste après m'être cogné la tête contre une vitre que je n'avais pas vue. Un peu sonnée, je me suis mise à rire. J'avais dû tomber d'une façon comique car les gens hurlaient de rire autour de moi et je les suppliais d'arrêter car le fou rire m'avait gagnée et accentuait les douleurs de ma chute.

Ce qui crée le rire, c'est une rupture. Même à un enterrement, quelque chose d'inattendu et de déplacé peut provoquer cette rupture. Il peut également arriver d'avoir un fou rire quand on est seul, mais en général cela se produit lorsque nous sommes en groupe. Le rire remue énormément d'énergie intérieure, agissant comme un massage intense du plexus, et déclenche la bonne humeur pour un temps plus long que le fou rire en lui-même. C'est un tel cadeau que nous en gardons fréquemment le souvenir, nous nous plaisons à le raconter et il peut nous redynamiser plusieurs fois.

J'ai des souvenirs de fous rires mémorables, au théâtre, à l'époque où j'étais comédienne. Alors que je jouais dans une pièce de Marcel Aymé, *Clérambard*, la comédienne qui incarnait ma mère, la femme du notaire, soignait son trac en buvant dans les coulisses. Un soir, alors que nous étions tous en scène et qu'elle était en retard, comme toujours, les comédiennes qui jouaient les trois filles, dont j'étais, furent prises d'un irrépressible fou rire. Nous avons, malgré tout, fini par nous calmer mais un des comédiens, pour gagner encore un peu de temps, passa alors la tête dans les coulisses et s'exclama « je la vois, elle arrive ! » et tout d'un coup, nous découvrîmes une mare sous nos pieds ! Celle qui jouait notre sœur aînée en était l'auteur. Ce fut le pompon : les acteurs et le public pleuraient de rire et nous fûmes obligés de descendre le rideau…

Une autre fois, après une représentation, nous dînions tous ensemble et je riais de bon cœur aux plaisanteries d'un des nôtres, d'un bon gros rire grave, qui partait du ventre. En face de moi, la jeune première riait « en cascades », comme une chanteuse d'opéra. Ses gloussements entraînaient chez moi des sons rauques, lesquels nourrissaient à leur tour ses vocalises, accompagnant des flots de larmes. Quand, avec soulagement, nous nous arrêtâmes enfin, ce fut pour réaliser qu'autour de nous, tout le monde était hilare, chacun suppliant l'autre de s'arrêter. Le silence s'installa peu à peu, mais un petit malin avait tout enregistré sur une cassette et nous la fit immédiatement écouter. Ce fut un nouveau déchaînement de rire. C'est sans doute mon souvenir de fou rire le plus mémorable : il a duré un bon quart d'heure et nous avons eu besoin de plusieurs jours pour nous en remettre !

Parfois, quand nous sommes seuls, sans spectateurs pour nous regarder, nous avons la possibilité de laisser derrière nous les obligations, de prendre place dans un moment d'intimité avec nous-mêmes. Nous n'avons rien d'autre à faire, juste respirer, bâiller, faire des grimaces ou nous étendre, sentir notre corps jusqu'au bout des orteils… Allons-y, prenons tout notre espace ! Il est si bon de se sentir simplement, humblement exister. Pris dans la frénésie de notre quotidien, nous oublions à quel point le fait d'être vivant est une merveille de chaque instant. Nous sommes tous uniques et pourtant identiques. Dans notre corps, circulent, s'affairent et cohabitent des milliards de cellules dont le but commun est de nous permettre de vivre. Retrouvons-nous dans toutes nos dimensions. Il n'y a personne pour nous juger, personne face à qui faire bonne figure… *Intermezzo*… Nous nous accordons une respiration, au sens propre du terme.

COMMUNIQUER

Si nous avons su prendre notre place, nous allons pouvoir entrer dans la communication sans nous laisser influencer ni dominer.

Il est impossible de vivre complètement seul, replié sur soi-même. Tout ce qui vit à besoin de COMMUNICATION. Non seulement nous avons besoin des autres mais aussi d'échange avec la nature, les animaux et tout ce qui vit autour de nous. Une alternance, un va-et-vient entre les autres et nous se met en place dès le début de notre vie, aussi naturellement que le fait d'inspirer et d'expirer pour respirer. Tout est une question d'équilibre : si l'on est toujours en compagnie, on risque de se noyer dans l'échange social et si l'on est toujours seul on se noie dans ses propres émotions et ses propres difficultés. Il faut savoir ménager un temps pour les contacts et les échanges, un autre pour prendre du recul, pour confronter et intérioriser tout ce qu'on a rencontré, dans le silence. On peut ainsi créer une distance pour se préparer à une nouvelle approche. Chez les lionceaux ou les chatons, une attaque est toujours suivie d'un repli pour se lécher, retrouver le calme avant de reprendre un combat ou son simulacre.

L'harmonie naît de cette alternance entre des moments d'action et de réflexion. Chacun de nous est comme une goutte d'eau isolée qui, sans ce va-et-vient, meurt sur le rivage. Or notre nature exige que nous nous mêlions aux autres gouttes afin de faire corps avec la rivière et de nous diriger vers notre but ultime, la mer. Toute la difficulté de cet exercice est de participer à ce grand mouvement sans perdre notre nuance propre, notre couleur, notre perception particulière.

Mais avant de vivre cette grande aventure, la goutte d'eau que nous sommes va passer par une multitude de transformations, s'arrêter contre un rocher, être aspirée, devenir buée, nuage, puis tomber en pluie, pénétrer dans les profondeurs de la terre, rejoindre une source, être bue par un animal, passer dans son sang, partager sa vie. Puis, après des milliards d'expériences, elle reviendra enfin à la rivière pour parvenir finalement à la mer. C'est ainsi que nous trouvons peu à peu notre individualité, c'est ainsi que nous apprenons à vivre avec les autres.

D'admirables photos prises lors d'expériences menées sur des gouttes d'eau nous ont montré que, lorsqu'elles sont cristallisées par le gel, chacune d'elles prend une forme différente, comme les cristaux qui forment les flocons de neige. Lorsque l'eau est pure, tous les cristaux, toutes les gouttes observées, sont d'une beauté stupéfiante. En revanche, quand l'eau est polluée, les cristaux d'eau deviennent informes. Ainsi, nous voyons combien notre individualité est précieuse, unique et combien nous devons la protéger des agressions extérieures.

Mais nous découvrons aussi que si chaque goutte a une beauté, une couleur, une forme particulière, elle doit se mêler à toutes les autres pour ne pas mourir.

Il va donc nous falloir apprendre à écouter l'autre, à l'observer et à être attentif à ses joies et à ses peines. Si nous refusons ces échanges, nous sommes comme absents à la vie et nous nous contentons de passer telles des ombres sans pouvoir en profiter, sans exister véritablement.

J'ai vécu une période très difficile, où je me séparais d'un être que j'aimais. Ma douleur était si forte que dans ma voiture je hurlais parfois de souffrance. Eh bien, le soir, je sortais avec des amis et, contre toute attente, j'étais capable de pleurer et de rire. Toute cette joie, même fugitive, me rechargeait. Cela ne m'empêchait pas de sangloter en rentrant chez moi, mais cette parenthèse enchantée créait une alternance à mon trop-plein de douleur, un exutoire salvateur.

« Il n'y a pas de plaisir comparable
à celui de rencontrer un vieil ami,
excepté peut-être celui d'en faire un nouveau. »

Rudyard Kipling, *Un beau dimanche anglais*

La morale de cet épisode de ma vie, s'il doit y en avoir une, est qu'il ne faut jamais laisser passer les occasions d'échanger des rires avec nos amis, tout particulièrement quand nous traversons des périodes difficiles. Grâce à ces moments de plaisir, nous reprenons des forces et nous avons ainsi beaucoup plus d'énergie pour réagir face à nos problèmes.

Même dans notre vie professionnelle, quand nous sommes écrasés par la charge de travail et le stress, il est vital de nous autoriser des pauses, des ponctuations passagères. Elles ouvrent la porte à l'énergie qui nous habite et nous donnent l'occasion de l'utiliser de manière constructive, au lieu de la laisser se retourner contre nous en nous étouffant. Si nous permettons à notre énergie de s'exprimer librement lors d'une pause, même courte, nos tensions vont pouvoir s'écouler librement hors de nous-mêmes, se confondre avec celles des autres, et nous pourrons alors, grâce à l'échange et au rire, nous détendre. Cette belle énergie pourra ensuite toucher notre entourage et répandre tout autour de nous ses bienfaits en transformant l'atmosphère générale. N'oubliez pas que nous recevons autant que nous donnons ! Nous avons donc tout à y gagner.

« Je préfère trouver un homme ou une femme
heureux qu'un billet de cinq livres.
Leur côté rayonnant attire la bonne volonté
et leur entrée dans une pièce donne
l'impression qu'on vient d'allumer
une nouvelle bougie. »

Robert Louis Stevenson, *Une apologie des oisifs*

Quelle merveille que le partage entre un comédien et son public ! Je me souviens de mon émotion quand j'ai joué mon premier rôle sur scène. Pendant les quinze premiers jours, je ne parvenais pas à trouver le déclic qui devait faire rire la salle. Le public ne réagissait pas à mon jeu. L'échange avec eux ne s'était pas instauré. Mais un soir, le miracle se produisit. Sur une courte réplique, la salle me renvoya un immense éclat de rire et je fus transportée de bonheur, au paradis ! Recevoir le rire des autres est toujours un cadeau extraordinaire.

La spontanéité du rire interdit la noirceur que peut engendrer l'analyse de soi. Elle nous permet, au contraire, de revivre, par petites touches, l'éblouissement de notre enfance et d'en garder la trace.

Et comme le tournesol passe ses journées face à la lumière du soleil, passons les nôtres à ne manquer aucune occasion de nous laisser submerger par la joie. Les larmes bienfaisantes, qui permettent d'extérioriser la douleur, se manifestent aussi dans le rire. On ne peut ni les retenir ni les maîtriser. Nous pleurons de rire malgré nous et c'est une sensation merveilleuse et libératrice.

Quand nous étions petits, les adultes nous disaient : « jeu de mains, jeu de vilains ». Il était donc interdit de se chatouiller. Quel handicap que cette éducation qui nous empêchait de nous toucher ! Qu'y a-t-il de malsain ? Ces chatouilles permettent de découvrir que, physiologiquement, le rire existe dans notre corps et qu'il faut le provoquer, car il est aussi important pour notre équilibre que dormir et se nourrir correctement. Nous pouvons nous en repaître, même si on a vu des gens mourir de rire et avoir des attaques cardiaques, tant l'énergie qui nous anime est puissante dans ces moments-là (mais c'est rare, ne vous retenez surtout pas par peur !).

Le rire et le sourire sont de merveilleux outils de communication. Ils dénouent des situations complexes, mettent fin à de pénibles moments de gêne, empêchent de se prendre au sérieux et dédramatisent des conflits ! Dommage que certains, soucieux des apparences et de l'opinion de tous, ou désireux de rester en toutes circonstances sérieux et distingués, se croient obligés de se contrôler et de rire du bout des lèvres ! En effet, le rire implique un lâcher prise. C'est une perturbation, un intermède de joyeux désordre au cours duquel les barrières des conventions sociales explosent. Nous en avons besoin comme de l'air que nous respirons. Rions donc à gorges déployées, partageons notre joie de vivre avec le plus grand nombre, laissons-nous complètement emporter et entraîner par le rire, car un tel cadeau ne se refuse pas !

« La gravité sert d'intelligence aux imbéciles. »

Montesquieu

Ouvrons nos portes et nos fenêtres à un maximum de contacts. Nous pourrons toujours par la suite sélectionner nos amis et nos copains. N'hésitons pas à organiser des fêtes à la moindre occasion, même si celle-ci se présente plusieurs fois par mois ! Téléphonons sans attendre aux gens que nous aimons, rencontrons-les et sortons ensemble ! Il n'est pas nécessaire d'attendre Noël, le jour de l'an ou un anniversaire pour prendre du bon temps.

Un vieil homme de ma connaissance vivait dans une grande solitude, perdait un peu la tête et passait tout son temps devant son poste de télévision. Il parlait ensuite des animateurs qu'il voyait sur le petit écran comme de visiteurs : « Michel Drucker est venu me voir aujourd'hui, il a été très gentil avec moi ! » Preuve que la solitude peut, à la longue, détruire des cellules de cerveau, faute d'échange avec d'autres êtres humains.

Nous sommes souvent les seuls responsables de notre solitude. Et celle-ci s'installe généralement de façon pernicieuse. Même si le temps nous manque pour sortir, il nous est toujours possible de prendre quelques instants pour téléphoner à un ami et avoir un échange, aussi court soit-il, au lieu de rester seuls derrière nos rideaux. Ne nous laissons pas enfermer dans le rythme monotone du quotidien. Les amitiés se cultivent, mais partons aussi à la rencontre de nouvelles personnes, établissons des liens nouveaux.

Quelques bougies, des spaghettis, des tomates et le tour est joué ! Nous ne sommes pas obligés de mettre systématiquement les petits plats dans les grands lorsque nous recevons nos amis, car c'est la convivialité qui compte avant tout. Même avec peu de moyens, invitons ! À nous de créer les conditions de l'échange, essentiel à la vie.

Nous avons à nous inviter à la table de la vie. Le sens du rire, comme le sens de la fête, nous ouvre la porte des trésors cachés de l'existence et nous apporte joie et plaisir. Ce n'est pas encore le bonheur, mais cela nous en rapproche. Savoir rire, c'est aussi donner aux autres la possibilité de rire. Un fou rire se partage à plusieurs, vous ne l'aurez pas tout seul. Quand on ne se sent pas très bien, on va plutôt voir un film comique qu'un film dramatique. De même, dans ces moments-là, on préfère sortir avec des copains et des amis qui ont de l'humour et nous font oublier nos soucis plutôt qu'avec ceux, plus austères, qui refont le monde. On a alors besoin de la gaieté de l'autre.

Un vieil ami est chose toujours nouvelle.

Quand la vie n'est pas rose, nous sommes naturellement attirés par ceux qui nous amusent. Le rire est une source d'énergie et de partage. Il nous bouscule, et Dieu sait que nous en avons besoin'

Il a été dit « le rire est le propre de l'homme ». Ah bon ? J'ai pourtant vu des chiens rirent de toutes leurs babines retroussées. Mais ils peuvent aussi exprimer leur joie autrement, en la faisant passer à travers tout leur corps, en se tortillant et en frétillant frénétiquement.

Avec le rire, un joyeux tremblement de terre explose dans tout le corps. Il exige non seulement de faire rire, mais nous permet aussi d'être un bon spectateur de l'autre. Il faut savoir l'écouter, l'observer, être attentif à la joie et à la drôlerie des situations. Le sourire, quant à lui, appartient à une attitude calme pendant laquelle notre corps demeure au repos. Cela aussi se partage avec les autres.

Nos amis sont notre richesse et la famille qu'on s'est choisie. Les recevoir, les présenter les uns aux autres est un de mes grands plaisirs. J'aime qu'ils s'apprécient, se donnent rendez-vous, découvrent des possibilités de collaboration. Dans cette dynamique, je me sens comme un magicien qui a le pouvoir de créer des liens, de prendre part à une immense chaîne d'amitié. Mes amis m'en font aussi connaître d'autres. Une énorme vague d'échanges s'installe alors au sein de ce réseau relationnel. C'est un élan vital qui permet de se soutenir mutuellement et de s'entraider dans des moments de plaisir partagé.

Aime-toi et tu auras des amis.

À nous d'être créatifs, de décider d'être des acteurs imaginatifs de notre vie, de mettre en scène des situations, de monter des décors, de jouer des scénarios extraordinaires.

Nous pouvons improviser des fêtes avec trois fois rien : de la musique, quelques fleurs sur la table, deux ou trois bougies. Quand on y met tout son cœur, peu de choses suffisent à notre bonheur.

« Donnez, vous recevrez. »

La Bible

Cette phrase des Évangiles n'est malheureusement pas reprise dans le catéchisme. À tort, car c'est une vérité absolue. Même si l'on ne reçoit pas forcément de la personne à qui l'on donne, peu importe ; chaque fois que l'on donne, une nouvelle porte s'ouvre. Le « donnez, vous recevrez » n'est pas en contradiction avec l'adage populaire : « charité bien ordonnée commence par soi-même », car nous ne pouvons donner que dans la mesure où nous avons trouvé notre bien-être personnel. Ce n'est qu'à ce prix que nous pourrons le partager avec l'autre.

La première phrase prononcée lors de nos échanges avec des amis est toujours : « Comment vas-tu ? » Même exprimée avec légèreté et indifférence, cette question qui ouvre la conversation offre à l'autre la possibilité de se confier et de parler de lui. Nous oublions rapidement nos soucis, occupés que nous sommes à expliquer à l'autre ce qu'il convient de faire. Et si celui-ci est rasséréné par nos propos chaleureux et s'est senti écouté, il sera disponible, prêt à nous écouter lorsqu'il nous retournera la question : « Et toi ? »

Profitons du téléphone pour inviter quelqu'un, proposer une sortie et éviter de perdre de vue les êtres que l'on aime. Il n'est pas question de rester au téléphone pour le plaisir de bavarder. Pour vivre et partager avec ses amis des moments de qualité, il n'est pas forcément nécessaire de faire ensemble des choses extraordinaires. Ça peut être des plaisirs simples comme aller au cinéma, partager un repas au bistrot du coin, improviser une promenade la nuit, parce que c'est le printemps et que la douceur des jours nous donne une soif de plein air, ou bien se dépenser ensemble dans un cours de gymnastique ou dc karaté. Ce sont toujours des sources de plaisirs quand ils sont partagés. Nous pouvons évidemment nous adonner seuls à toutes ces activités, mais c'est tellement mieux à plusieurs, en compagnie de ceux que nous aimons !

Si vous avez un rythme de travail très soutenu et que vous n'avez pas autant de temps que vous le souhaiteriez pour réaliser vos envies, octroyez-vous au moins deux sorties par semaine. Si vous ne le décidez pas, vous ne le ferez pas. Accordez-vous systématiquement des plages de plaisir et de détente avec ceux que vous aimez. L'amour, l'amitié, ça se cultive.

Il faut estimer ce que l'homme fait,
non pas ce qu'il peut faire.

Il est dit que les vrais amis sont rares, et que l'on a beaucoup de chance si l'on peut les compter sur les doigts d'une main. Mais, là encore, il s'agit d'une idée fausse. Pour dénombrer mes amis, j'ai besoin de mes doigts, de mes orteils... et ce n'est pas encore assez pour faire le compte ! Je connais beaucoup de gens à qui je pourrais téléphoner à trois heures du matin si j'en avais besoin. Ce sont des personnes très différentes que je ne vois pas pour les mêmes raisons, mais qui me sont toutes aussi indispensables sur le plan affectif. Avec certains, l'échange intellectuel va primer ; avec d'autres, ce sera l'humour, la tendresse, etc. Nul ne peut tout nous donner, comme nous ne pouvons pas tout apporter à l'autre. Chacun offre sa tonalité, sa couleur. Les amis sont autant de notes de musique qui, à elles toutes, peuvent nous jouer un formidable concert.

En vivant intensément nos rapports humains, les heures de sommeil manquantes passeront inaperçues. Se priver de présence sous prétexte de préserver son sommeil ne peut en aucun cas nous apporter un bénéfice. Observez ceux qui ne peuvent faire un pas sans faire attention à leur alimentation, à leur santé, soucieux de préserver leurs heures de sommeil, vous allez découvrir qu'ils ne se portent pas mieux que vous ! Ils sont souvent pâles, tristes et de mauvaise humeur. De plus, ils n'ont pas grand-chose à dire, vérifiant perpétuellement que leurs moindres faits et gestes sont toujours bons pour eux.

La nature, une fois de plus, ne coupe pas les cheveux en quatre. Elle se projette avec un dynamisme fou pour vivre,

vivre et vivre encore ! La vie nous demande d'avancer et non de nous économiser. Ceux qui pèsent chaque geste, chaque plat à manger, chaque verre à porter à leurs lèvres impriment inconsciemment sur leur visage et sur leur corps toute l'économie de leur vie. Ils perdent leurs couleurs et l'énergie déserte leur corps. Bien souvent, ils s'imaginent que, sans toutes ces précautions, ils seraient beaucoup plus malades (car, bien évidemment, ils ne se sentent pas très bien). Et pourtant, les restrictions qu'ils s'imposent ne semblent pas leur apporter tant de bien-être. Ils en arrivent rapidement à ne plus communiquer avec les autres ni avec eux-mêmes, et dans leur corps, les échanges se font mal également.

À propos de régime, les diététiciens et les nutritionnistes conjuguent leurs efforts pour nous persuader de manger très légèrement le soir. Peu importe de savoir s'ils ont raison ou tort. Mon propos est ailleurs : je veux simplement parler de l'importance du dîner, ce repas qui est souvent le seul que nous prenons sans être obligés de nous presser. Pendant la journée de travail, la tendance est de disposer d'un temps de plus en plus court pour déjeuner, de façon à quitter le bureau plus tôt. Et dans les professions de service, comme la vente, les horaires sont aménagés en fonction des clients et non de notre estomac. Sans parler des cantines des grands complexes administratifs ou industriels et de leur insupportable brouhaha. Nous n'avons donc que le repas du soir comme moment propice à la convivialité et à la détente. C'est là que nous pouvons avoir un véritable partage avec nos amis, nos enfants, nos conjoints.

Tout le monde se retrouve autour d'une table, comme dans la cène, cet épisode de la vie de Jésus qui a inspiré tant de peintres. C'est le seul moment où nous pouvons casser la monotonie du sempiternel « métro, boulot, dodo » et rompre cette routine du quotidien qui nous éteint et nous étouffe. Le soir, nous pouvons sortir de nos habitudes, inviter notre conjoint ou un ami au restaurant. Ce qui importe, quelle que soit notre décision, c'est l'attention particulière que nous mettons à faire de ce moment une parenthèse privilégiée de détente et de partage. Cet instant précieux doit donc être préparé avec l'attention, l'amour et le talent qu'il mérite.

Commençons par dresser une table sympathique. La couleur des assiettes est-elle en harmonie avec celle de la nappe, des plats, des fleurs ? Un petit rien peut suffire à donner un air de fête.

Avez-vous déjà vu quelqu'un passer deux ou trois heures à préparer un repas qu'il mangera seul ? Il n'est pourtant pas si difficile de trouver un ou plusieurs convives. Et en famille, combien de fois avez-vous avalé un plat sans goût, sans même vous rendre compte de ce que vous portiez à votre bouche ? Combien de fois êtes-vous resté muré dans votre silence, ou ne vous êtes-vous exprimé que par une succession d'onomatopées ? Nous oublions souvent que chaque personne à notre table est notre hôte et doit recevoir une attention particulière. Le sourire qui accompagne le plat posé sur la table lui donnera le sel ou le piment que vous avez peut-être oublié d'y mettre.

Les personnes qui vivent seules ont tendance à avaler rapidement quelque chose entre deux programmes de télévision. Elles oublient que la soirée est un des rares moments de la journée qui permet d'étirer le temps et de donner de la place à la rencontre avec autrui, et parfois avec soi-même. C'est là que peut apparaître « l'autre soi », celui que l'on fait taire si souvent et qui n'a pas le loisir de s'exprimer dans le tumulte de la journée. Le soir, nous pouvons nous rencontrer, rassembler tous les morceaux, éclatés sous la pression des contradictions qui nous ont fait basculer de « tout est possible » à « je n'y peux rien ». Lorsque nous pouvons être nous-mêmes parmi les autres, nous devenons complètement vrais, sans masque. En trinquant joyeusement à la santé de notre voisin, à l'occasion d'un repas partagé, nous retrouvons aisément une gourmandise de vivre qui a rarement droit de cité.

Plus on est de fous, plus on rit.

Ce repas du soir, lorsqu'il est bien vécu, est une belle occasion de comprendre à quel point nous avons de la chance d'être incarnés. Dans les Évangiles, Jésus mangeant au milieu de ses apôtres exprime avec une fermeté particulière « prenez et mangez », en partageant le pain. Le conseil qu'il prodigue alors est bien de « croquer la vie à pleines dents ». Il ajoute : « Ceci est mon corps ». Ce qui signifie : « C'est ainsi que vous devez vivre avec votre corps. » Puis il continue : « Prenez et buvez, ceci est mon sang », en tendant une coupe pleine de vin. Nous comprenons alors : « Buvez l'amour dans l'échange avec tout ce qui est vivant autour de vous. » Quand il conclut : « Faites ceci en mémoire de moi » et « chaque fois que vous serez plusieurs, je serai au milieu de vous », le sens me semble clair : « Chaque fois que vous vivrez dans l'amour avec les autres et que vous vivrez intensément et pleinement ce cadeau de l'incarnation, vous serez habités par l'énergie cosmique et le divin. » C'est une merveilleuse leçon de vie.

Créer un climat de fête n'est pas toujours facile, mais pourquoi ne pas décider que chaque soirée sera un petit intermède de vacances ? Le jour où nous nous entendrons dire « chez moi, c'est la fête tous les soirs », nous serons sur le bon chemin. Mais voilà, la plupart du temps, nous rentrons de notre travail épuisés, nous prenons une douche, allumons la télévision, et réchauffons un plat surgelé sous prétexte qu'après une journée de dur labeur, tout nous fatigue. Pourtant, même si nous devons nous contenter d'un plat cuisiné, rien ne nous empêche d'ajouter une petite cuillerée de crème fraîche, une pincée de safran, de disposer sur la table une jolie nappe et une bougie. En quelques secondes, l'ambiance change, le quotidien s'illumine.

« Les folies sont les seules choses
qu'on ne regrette jamais. »

Oscar Wilde

Privilégier l'échange et le partage, créer un climat de fête, c'est aussi choisir le lieu qui convient. Je me rappelle que, lorsque je voulais discuter avec ma fille, je l'emmenais au restaurant. Là, elle m'ouvrait son cœur, ce qu'elle ne faisait pas à la maison où elle se sentait prisonnière de nos habitudes. La table est bel et bien un lieu où des miracles peuvent s'accomplir. De nouveau, dans les Évangiles, observez le nombre de situations liées à un repas : la cène, mais aussi les noces de Cana au cours desquelles Jésus transforme l'eau en vin.

Du reste, sans alimenter les controverses actuelles sur les vertus du vin, on sait que les médecins conseillent aux convalescents et aux personnes âgées de boire un bon verre de vin rouge au cours des repas. Ce verre apporte ce qu'il faut de chaleur dans le corps, dans le regard. C'est aussi l'occasion de boire à la santé de nos rêves, aux réalisations de nos désirs et à l'amitié.

Quand on est seul, on peut aussi s'organiser soi-même une fête, afin de ne pas perdre la main ! Mais arrangeons-nous pour ne pas être seuls tous les jours, car même si nous ressentons parfois le besoin de nous retirer pour prendre un peu de recul, nous ne sommes pas faits pour une solitude permanente. Au bout d'un moment, elle n'a plus rien d'un moment de liberté et ressemble fortement à une prison. Lorsque l'on en souffre, on n'a plus du tout le cœur à faire la fête seul, même avec la musique que l'on aime, des bougies et toutes les gâteries possibles.

Quand le ventre est content,
tout le corps s'en ressent.

Refusons de vivre en autarcie, cloîtrés dans l'univers familial avec, pour seule compagnie, notre mari ou notre compagne et nos enfants. Ne croyez-vous pas que les laisser se préparer un repas en votre absence peut être un moment de joie pour vos enfants ? De même, il peut être agréable pour vous de dîner parfois en tête à tête avec votre partenaire, plutôt que de subir la télévision allumée tous ensemble autour d'une table, les yeux rivés sur l'écran. Rien n'empêche d'annoncer à vos enfants : « Puisque demain vous n'allez pas en classe, plateau télé pour tout le monde ! » ou « Aujourd'hui, soirée cinéma-sandwiches ! » ; les cris de joie seront toujours au rendez-vous et tous seront heureux de vivre un moment particulier, festif, avec vous.

Autrefois, dans de nombreux villages, un couvert était toujours mis pour celui, inattendu, qui pouvait frapper à la porte. De nos jours, cette coutume a largement disparu. C'est dommage, mais rien ne vous empêche de la faire revivre en ajoutant des couverts à votre table, en ouvrant votre porte et votre cœur aux partages de soirées ludiques et chaleureuses.

Faites un pas vers la vie,
la vie en fera dix vers vous.

À chaque fois que nous vivons dans une résonance juste, nous nous apercevons que des portes s'ouvrent spontanément devant nous. Nous ne faisons pas le chemin en solitaire. Quelquefois nous sommes à l'arrêt, nous avons peur ; nous avons l'impression d'avoir une montagne à gravir, sans comprendre qu'il suffit d'avancer sur le chemin ou de faire de l'auto-stop pour que tout à coup une magnifique voiture s'arrête pour nous prendre à son bord et nous mène avec aisance vers ce que nous avions imaginé.

AIMER

La communication nous ouvre la porte de l'amour.

Respirer, c'est élargir le monde.

Dans un texte sanskrit, j'ai relevé cette phrase extraordinaire : « Dieu dort dans les pierres, rêve dans les plantes, se réveille dans les animaux et pense dans les hommes. » La vie s'écoule en chaque chose et en chaque être présent sur la Terre mais chez l'être humain, elle est, plus que nulle part ailleurs, riche d'infinies potentialités. En chacun de nous existe une étincelle unique et sacrée. Il ne tient qu'à nous de la faire briller.

Jésus a affirmé : « Je suis le fils de l'homme et le fils de Dieu. » Avec cette formule, il nous dit : « Vous êtes tous les fils de l'homme et les fils de Dieu. » Nous sommes tous incarnés, habités par une soif d'amour universelle. Il ajoute même : « Faites cela en mémoire de moi. » Notre seul devoir est de vivre pleinement cette vie terrestre et intensément l'amour sous toutes ses formes. Notre part de spiritualité ne peut se développer qu'à ce prix. Nous ne pouvons pas vivre l'un sans l'autre, tout comme la terre et le ciel sont faits pour coexister. De même, l'arbre ne peut pas vivre sans ses racines, profondément enfouies dans l'humus, qui lui permettent de lancer son tronc à l'assaut des nuages, de développer ses feuilles, ses fleurs et ses fruits. Comme lui, nous avons à vivre à la fois notre partie humaine et notre partie divine.

Respirer largement nous permet d'élargir notre conscience, de surmonter nos peurs et de donner une dimension infinie à toutes nos potentialités. Nous les hommes, sommes les seuls sur cette Terre à respirer à petites bouffées alors que nous avons vocation à laisser entrer en nous la totalité de l'univers.

Nous sommes les seuls au milieu de tout ce qui vit, plantes et animaux, à nous économiser, comme si le fait de respirer profondément allait nous étouffer. En fait, c'est le contraire qui se produit. Cette économie finit par nous atteindre physiquement. Apprenons à imiter la perpétuelle logique d'expansion, de devenir et de création de la nature et jamais dans un sentiment d'avarice et d'économie. Quand nous apprenons à respirer pleinement, nous laissons derrière nous notre mesquinerie et notre étroitesse d'esprit, pour développer la générosité, l'ouverture à l'amour. En acceptant le va-et-vient de l'air, nous acceptons de nous impliquer pleinement dans un échange fructueux avec l'univers.

Commençons donc par nous aimer ! Un peu de douceur et de bienveillance, que diable ! Dès le début de la journée, nous avons vu à quel point il était vital de s'octroyer un quart d'heure ou une demi-heure pour démarrer du bon pied. Ainsi, nous nous accordons la possibilité de développer notre créativité. Se considérer avec bienveillance est fondamental si l'on souhaite s'aimer dès le saut du lit. Donnons-nous la note ! « Sourire au jour qui commence » : on ne peut le faire qu'en se souriant d'abord à soi, à ce personnage mal réveillé qui se reflète dans la glace accusatrice. Si vous ajoutez à ce sourire une pointe d'humour, ce sera beaucoup plus facile. L'humour permet de prendre du recul par rapport à soi, à son image. Il permet aussi d'insuffler, dans une réalité parfois écrasante, de la légèreté. Rides, kilos en trop, cernes, manque de sommeil : nous pouvons maintenant nous regarder tels que nous sommes et nous aimer sans regretter inutilement une perfection de toute façon inaccessible ! Étirez-vous et prenez possession de votre espace. Osez soupirer de satisfaction et de plaisir ! Souriez à la journée qui s'annonce et qui sera en grande partie ce que vous voulez qu'elle soit. Attaquez la vie à pleines dents, en croquant dans ce merveilleux pain de campagne que vous avez pris soin d'acheter la veille... La vie peut être belle si vous décidez de la peindre de couleurs vives. Ouvrez vos placards : comment vais-je me déguiser ? Pour moi ou pour les autres ? Aujourd'hui, je rencontre le PDG ? Quel rôle ai-je à jouer ? D'accord, ce sera plutôt le complet tailleur très sobre, dont la coupe impeccable me donnera le sérieux et la classe nécessaires. Mais si je suis seule au travail, je peux me permettre de m'habiller décontracté. Ce vêtement souple fera parfaitement l'affaire.

Mais souvent, vous n'êtes pas seul. Vos enfants ? Votre conjoint ? Votre sourire irrésistible va dérider les visages les plus renfrognés et ceux-ci, soudain détendus, vont vous renvoyer la joie qu'ils ont reçue. Le « donnez et vous recevrez » ne marche pas toujours mais souvent. Dès le matin, donnez ! Donnez-vous d'abord le plus de bien-être possible… avant de donner à ceux qui vous entourent car vous êtes maintenant conscients du pouvoir extraordinaire d'un regard, d'un geste, d'un rire ou d'un sourire. Nous avons découvert que tous les pouvoirs sont en nous, que rien ni personne ne peut faire mieux que nous pour nous, que nous sommes aux premières loges pour réaliser notre bonheur en profitant intensément de la vie. Tout est maintenant possible.

Que le matin soit la première note de la partition musicale de la journée. Accordons-nous un son harmonieux qui donnera le ton pour le reste du jour. « On n'est jamais mieux servi que par soi-même. »

Tous les jours ne se ressemblent pas. Il y a les matins pressés, les matins paresseux, les matins frileux, les matins câlins… Quelle que soit l'atmosphère de ce jour nouveau, mettez-vous au diapason pour vous adapter sans heurts tout en suivant vos désirs : câlinez-vous, activez-vous ou… paressez ! Surtout, autorisez-vous à être, à vivre et à respirer comme cela vous sied. Gardez une demi-heure de paradis disponible, chaque jour, seul ou accompagné, en laissant sur l'oreiller regrets et culpabilités.

Vous faire plaisir, c'est ouvrir votre cœur et lui donner aussi le pouvoir d'avoir à donner quelque chose aux autres. Chaque matin heureux aide à attraper, dès l'aube, le fil d'Ariane qui, déroulé tout au long du jour, vous permettra de revenir le soir au cœur de vous-même. Nous devons réveiller cette joie qui se cueille au quotidien dans le plaisir et la beauté, pour atteindre le bonheur.

Nous n'avons qu'un seul mot à notre disposition pour signifier une multitude de sentiments différents : aimer. Nous avons le droit d'aimer ce plat que l'on nous a cuisiné, le bouquet que l'on vient de nous offrir, mais on peut aussi dire « j'aime sortir le soir », « j'aime jouer aux cartes », « j'aime boire un petit coup de rouge » pour parler de nos plaisirs favoris. Nous pouvons en effet conjuguer le verbe « aimer » d'une façon prosaïque. C'est en aimant ces petits plaisirs simples qui rendent notre vie plus heureuse que, pas à pas, nous gravissons le chemin qui mène à l'amour tout court. Si nous refusons le plaisir dans la vie – celui de manger, de rire, d'apprendre, d'être ce que l'on nomme un bon vivant –, comment saurons-nous aimer les autres ? « Aime les autres comme toi-même », dit le proverbe. Mais comment puis-je m'aimer si je ne sais pas me donner du plaisir ? Nous savons maintenant que nous pouvons nous donner du plaisir tous les jours grâce à nos cinq sens. Et chaque fois que nous nous faisons plaisir, nous ressentons naturellement le besoin de le partager avec les autres à travers un bon film, quelques jours de vacances, un bon restaurant, etc.

Une fois que nous avons réveillé notre appétit de vivre, cette façon de marcher de concert avec la nature, nous sommes prêts à donner de l'amour aux autres. Mais si nous ne sommes pas heureux, si les conflits et les difficultés nous fragilisent, si nous nous égarons dans le dédale de la vie, ne perdons jamais de vue que nous trouverons obligatoirement l'issue un jour et, par la même occasion, le sens de notre vocation cosmique. En rencontrant un rocher, l'eau d'une rivière le contourne et reprend son cours pour rejoindre la mer. C'est tout ce qui compte : peu importe les obstacles, aucun n'est infranchissable !

Trop souvent, nous attendons d'être en résonance absolue avec nos amis. On voudrait qu'ils soient nos doubles et pensent comme nous, aient les mêmes goûts que nous, le même rythme de vie, etc. La vie se charge de nous apprendre à aimer la différence ! Elle nous permet d'aller visiter des univers étrangers, de nous extasier devant des paysages inconnus, de rencontrer des êtres différents aux possibilités extraordinaires pour peu que nous prenions la peine de les regarder. Quelqu'un qui s'exprime peut agir de manière remarquable ; un autre, de nature spontanée, va me serrer dans ses bras et me faire profiter de sa chaleur de bon gros ours. Avec l'un, j'aurai un échange intellectuel, avec l'autre je bavarderai de tout et de rien jusqu'à quatre heures du matin. Un autre encore me permettra de partager des horizons de finesse, d'intelligence, d'intuition qui me raviront. Ces amis si différents nous invitent à un merveilleux voyage dans une multitude de pays…

C'est pour cela que je prends le temps de voir ceux que j'aime plutôt que de profiter seule de mon temps libre. Mes amis sont mon oxygène tout comme le contact avec la nature. Si je suis à l'aise avec le langage, c'est la multiplicité de mes échanges qui en est la cause. Quand je reviens épuisée d'un long voyage et que je donne une conférence au pied levé, je peux parler deux heures sans la moindre hésitation, avec facilité, et je suis surprise de l'ordonnance et de l'organisation de mon discours. Ce n'est pas différent lorsque j'ai le temps de le préparer tranquillement, à tête reposée. Être prodigue de mots et d'échanges depuis si longtemps, me permet d'aller immédiatement de l'idée à la parole, sans être obligée de prendre des chemins de traverses, et chaque fois que cela m'arrive, je suis transportée d'amour pour tous les êtres avec lesquels j'échange. J'ai alors la sensation que j'ai une relation spéciale avec chacun d'eux. Nous sommes mutuellement entraînés dans un univers particulier où seuls l'échange et l'amour règnent. Chacun de nous à le pouvoir de transcender certains instants de la vie en refusant de se laisser glisser dans l'ennui et la solitude et en suscitant des échanges harmonieux, en devenant animateur, créateur d'ambiance, maître de la fête de la vic, un véritable chef d'orchestre capable de créer et de partager sa musique avec les autres.

L'amour ne regrette jamais d'être animé par un grain de folie.

Là où l'on s'aime, il ne fait jamais nuit.

Proverbe africain

Mais notre différence avec les autres est quelquefois difficile à supporter. Nous n'avons pas envie d'aimer tous ceux que nous côtoyons.

Un trait de caractère inadmissible aux yeux de l'un sera irrésistiblement drôle pour l'autre. Il n'y a rien à faire, nous ne sommes pas tous descendus de la même planète, même si nous jouons dans la même histoire. Chacun a un rôle à tenir, chacun est indispensable. Mais ce n'est pas une raison pour mettre tout le monde dans son lit et dans son cœur. L'amour universel est une vue de l'esprit ; dans la vie de tous les jours, c'est une autre histoire… On nous a rebattu les oreilles avec des idées *new age* du type « ce qui te gène chez l'autre correspond à quelque chose qui te gène chez toi », mais c'est une idée simpliste et agaçante. Si nous faisons partie d'un même corps, à chacun son rôle et sa fonction ! On n'a jamais vu les cellules cardiaques se mesurer à celles du foie. En suivant cette logique, celui qui ne supporte pas les avares devrait l'être aussi, et pourtant ce n'est généralement pas le cas. Au contraire : depuis La Fontaine, tout le monde sait que cigales et fourmis ne pourraient vivre sous le même toit et que tout les oppose.

Si la générosité de cœur, de geste est vitale, je ne peux pas faire entrer dans ma bulle des gens qui sont petits, calculateurs, mesquins, même s'ils ont de très grandes qualités. Et nous n'avons pas à ressentir de culpabilité à cause de cette réaction. Nous n'avons, par ailleurs, pas à être odieux avec ces personnes. Elles ne font tout simplement pas partie de notre histoire. Nos chemins sont parallèles, ils ne peuvent se croiser. Et, loin d'eux, nous garderons le sourire !

La vie nous apprend à nous régaler de la différence. À vingt ans, nous aimons les gens qui pensent comme nous. Plus tard, on aime rencontrer des êtres qui n'ont pas le même rythme que nous ni la même manière d'appréhender la vie ou les mêmes idées. Ils vont nous permettre d'ouvrir des voies que nous n'avions pas explorées jusque-là.

Quand quelqu'un a un geste gentil envers nous, fut-il minime, comme nous offrir un cadeau ou nous donner un coup de main, à chaque fois cette attention nous touche. Ce geste ne dit pas merci mais simplement « je suis content ». C'est une forme de sourire, une façon d'aller vers l'autre qui est semblable au fait d'offrir une fleur, de prendre la main, d'embrasser et nous fait entrer dans une généreuse relation d'échanges. Ainsi, nous recevons l'amour de l'autre, pas toujours par des paroles, mais par de nombreux gestes. Ce n'est pas un marché, mais une circulation naturelle.

Le sourire est un billet gagnant
qui nous garantit l'aller et le retour.

Envoyez-le, il vous reviendra…

SE REPOSER

Après avoir trouvé les six premières clés, nous allons enfin pouvoir trouver celle du bien-être, du repos, celle de notre paradis terrestre.

« L'heure de la fin des découvertes
ne sonne jamais. »

Colette

Nous avons déjà parcouru un long chemin sur la route qui mène au bonheur. Au cours de notre voyage, nous avons trouvé les précieuses clés qui permettent d'aller toujours plus loin, vers plus de bien-être, d'équilibre et de joie. Nous avons entrepris, appris, commencé à comprendre, à prendre notre place, notre force et développé notre créativité. C'est dans la volupté d'un repos bien mérité que nous allons conclure ce temps passé à apprivoiser le plaisir de vivre. Nous allons nous traiter comme des seigneurs. Mais avant toute chose, notre esprit doit se vider de toutes les impressions qu'il a enregistrées dans le désordre, que ce soit au cours de la vie ou de la dernière journée que nous venons de passer. Pas question de se coucher en emportant dans son sommeil les projets programmés pour le lendemain : coups de téléphone à donner dès la première heure, rendez-vous, crainte d'un face à face tendu avec la direction. Laissez derrière vous les contraintes, les obligations, les inquiétudes, les souhaits. S'endormir avec ce lourd bagage vous apportera un sommeil nullement réparateur, où le mental continuera toute la nuit son travail de sape, pour finir par un réveil douloureux. Notre art de vivre nous oblige à tenir compte de l'art de dormir. Une journée est faite de vingt-quatre heures. Pas question d'en laisser sept ou huit de côté sans leur accorder l'importance qu'elles méritent. Certains enfants ont connu, grâce à une mère ou une grand-mère inspirée, le délicieux moment de l'histoire contée, ou de la berceuse, leur permettant de glisser en douceur vers le sommeil. Personne ne nous raconte plus d'histoire, ne nous chante plus de chanson ! C'est à nous de nous débrouiller seuls si nous voulons vivre nos nuits voluptueusement. Il est entendu que nous ne pouvons en aucun cas emporter nos soucis dans les bras de Morphée. Alors, comment faire ? Nous avons de la chance : notre cerveau ne peut pas penser à deux choses en même temps. Si nous remplacions les pensées oppressantes et anxiogènes par un bon souvenir ou par l'idée d'un projet agréable ? L'évocation de nos vacances futures, les bribes d'une soirée précédente ou à venir, un repas délicieux, un moment joyeux partagé avec un ami ou un collègue : ces pensées-là, porteuses de gaieté, chasseront les autres.

Si s'endormir est un art, ce n'est pas forcément ce que nos parents nous ont transmis. Au mieux, ils nous ont appris à ânonner une prière dont le sens nous échappait. Au pire, ils nous ont fait croire que si nous n'avions pas été sages, le diable, le croque-mitaine ou que sais-je encore viendrait nous chercher.

S'endormir n'est pas sans risque ! Et les conventions s'en mêlent. Comme chacun le sait, « les heures avant minuit comptent double ». Et la morale voudrait que les couche-tard soient des écervelés qui ne feront jamais fortune, tandis que les autres, qui se couchent et se lèvent tôt, font main basse sur les richesses du monde... Rien d'étonnant si pour certains dormir peut devenir « un vrai cauchemar » et si d'autres choisissent, passant dans l'opposition, de brûler la nuit par les deux bouts, refusant de s'endormir tant qu'il reste quelque chose à lire, à regarder ou à faire. Rien d'étonnant non plus si les problèmes de sommeil font partie des préoccupations majeures des habitants des pays industrialisés, gros consommateurs de somnifères.

Dans tous les cas, les nuits gâchées représentent autant de rencontres manquées : chaque nuit, nous avons rendez-vous avec nous-mêmes ! De nombreux artistes et scientifiques ont d'abord eu une intuition merveilleuse dans la nuit avant d'écrire leur partition, leur poème, de saisir leurs pinceaux ou de passer leur vie à démontrer ce qu'ils avaient pressenti. Dans le sommeil, le contact avec l'inconscient est facilité, et nous avons alors l'occasion de nous ouvrir à la connaissance du monde, de comprendre le but de notre quête, de découvrir la nature de notre créativité. Chacun à notre mesure, nous avons quelque chose que l'autre n'a pas, quelque chose qui nous est propre.

Chaque fois que quelqu'un crée une peinture, une partition musicale, développe sa créativité, il est en communion avec son inconscient. Les contes de fées nous en parlent à leur manière : la princesse enfermée dans la tour représente notre inconscient ; le roi qui la retient prisonnière symbolise l'inconscient collectif ; le jeune prince qui se débat dans la forêt afin de délivrer et d'embrasser la princesse, est à l'image de notre conscience qui s'unit à notre inconscient pour devenir plus créative et faire beaucoup d'enfants, c'est-à-dire de nombreuses œuvres.

Plus nous aurons l'habitude d'être attentifs à nous-mêmes, plus nous serons lucides, mieux nous construirons notre plaisir de vivre. Dans le rythme circadien, le jour et la nuit alternent pour nous apporter une respiration parfaite entre veille et sommeil, et nous placer dans les meilleures conditions de découverte de nous-mêmes et du monde. Tandis que, la nuit, nous voyageons dans les méandres de notre inconscient, le jour, nous rapportons sur les rives de notre lit, à notre réveil, les trésors enfouis au fond de nous. Nous coucher doit être aussi agréable que nous lever, apprenons donc à nous préparer au bien-être de la nuit à travers des rites, des gestes que nous aimons. Ces rites sont différents pour chacun : certains lisent, d'autres écoutent de la musique, d'autres vont boire avec délice une tisane ou un lait chaud ou, fenêtre ouverte, passer un instant à contempler les étoiles. Tous les soirs, nous pouvons penser à écouter notre corps, puis partir à la rencontre de cet autre soi-même qui, réduit au silence pendant la journée, va pouvoir raconter tous ses secrets.

Ce chemin déjà parcouru va nous permettre de ne pas subir les influences et de ne pas nous faire manger dans la communication. Les échanges et les contacts vont nous ouvrir à l'amour sous toutes ses formes. Maintenant, nous pouvons regarder le chemin parcouru et nous reposer sur nos lauriers ! Plus d'efforts intempestifs ! Nous pouvons enfin nous détendre, afin de pouvoir profiter en toute quiétude de la vie que nous nous sommes créée.

Nous pouvons enfin nous permettre d'être en prise avec la vie et en bonne harmonie avec les autres. Et même si certaines tensions apparaissent, nous saurons nous mettre dans un état de détente totale. Nous allons savoir nous étirer, nous relaxer, nous donner une sensation de pleine liberté. Nous pouvons y mettre de l'ampleur, ni les obligations ni les autres ne peuvent plus nous en empêcher.

Quel bonheur de prendre son espace, de se détendre moralement et physiquement, de pouvoir traverser tout ce que nous rencontrons en ne subissant plus aucune influence extérieure, en ne rencontrant que nous-mêmes. Ce qui était à faire est fait, nous avons eu l'action, la présence, le partage, nous avons tout fait au mieux et avec le plus de plaisir possible. Maintenant nous pouvons marcher et respirer. Rien ne nous empêche de faire l'école buissonnière, de ne plus nous forcer, de savoir fermer la porte à toute intrusion et de ne l'ouvrir qu'à l'essentiel. C'est en faisant le vide et le calme autour de nous que nous laissons se mettre en place les informations. Comme en musique, cette pause nous permet maintenant de jouer notre partition. Nous retrouvons notre rythme et notre « je », pour vivre notre jeu. Nous rentrons enfin chez nous, à l'intérieur de nous-mêmes. Nous retombons sur nos pieds pour parcourir le chemin qui nous mène à une délicieuse rencontre avec nous-mêmes, à l'écoute de notre nature profonde. Et tout à coup, toutes les petites particules de notre corps tendent vers un même but et jouent pour nous seuls ! Les pores de ma peau sont ouverts à toutes mes sensations… Je suis au cœur de moi-même, je sors de l'action pour plonger dans le silence de la réflexion. En gymnastique, une inspiration correspond à un effort, tandis qu'à l'expiration on se relâche. C'est le moment de souffler, on peut même se permettre de soupirer ; un dicton dit « cœur qui soupire n'a pas ce qu'il désire » mais soupirer, c'est aussi s'ouvrir au désir et permettre au rythme de la vie d'entrer en nous après tous les efforts que nous avons pu faire, tous les échanges que nous avons provoqués et toutes les difficultés que nous avons dépassées. C'est enfin l'heure de la moisson !

Qui sème dans les larmes,
moissonne en chantant.

Ce n'est plus le moment de bondir d'une activité à l'autre, mais celui de retrouver notre territoire, notre tanière ; délimiter son territoire, c'est aussi prendre son temps, son rythme, et non subir celui des autres. Arrêtons la course, la fuite en avant qui oblige certains d'entre nous à être un peu trop sérieux, un peu trop graves. On les entend dire « la vie n'est pas facile » ou « c'est pas évident ! » Mais la vie n'est pas qu'une vallée de larmes ! La vie, c'est aussi rire, sourire, s'émerveiller, regarder l'autre et la nature. Reprenons possession du temps qui passe : quand on s'ennuie, il est trop long ; quand on est heureux, il est trop court ! Ce temps mal vécu nous met dans un état de perpétuelle rupture. On se sent dissocié. Prenons chaque jour de notre vie des leçons au contact de la nature et de sa sérénité face au temps. Observons le rythme de la nature. L'hiver, les arbres reprennent leur énergie, rentrent en eux-mêmes ; au printemps, au contraire, ils élancent leur « poing » tendu de jeunes griffes, prêts à conquérir le ciel. Modelons-nous sur la nature, sachons vivre et alterner nos rythmes. Le temps est au repos ? C'est maintenant le moment où jamais de mettre de la lenteur dans chacun de nos gestes, dans chacune de nos pensées, de laisser le silence nous envahir et de calmer nos cœurs. La vie s'accélère ? Ne manquons pas d'entrain, participons à l'effort, à la fête, c'est l'heure de foncer !

Il n'y a pas de musique s'il n'y a pas de silence, il n'y a pas de fête sans moment paisible, il n'y a pas de tempête sans moment de calme absolu. Tout est à vivre et à expérimenter ; quelque chose de formidable résulte du temps grâce à ces différences de rythme, d'atmosphère, d'odeur… Sachons vivre les saisons de notre cœur, de notre esprit et de notre instinct.

Les gens qui s'ennuient à la campagne sont ceux qui ne savent pas suivre le rythme de la nature. Peut-être ont-ils besoin de l'agitation de la ville parce que le silence, temps d'arrêt et d'écoute, les met face à eux-mêmes ? Or être attentif à soi-même et à sa propre résonance peut faire peur, lorsque l'on réalise parfois qu'on passe à côté de sa vie. Nous pouvons être amenés à comprendre que la voie suivie jusqu'alors dans une certaine direction n'est pas la nôtre. Nous risquons de percevoir pourquoi nous nous trouvons au milieu d'un horrible ennui quotidien… Nous avons peut-être accepté pendant des années nombre d'obligations sans créer de barrage. La vie vécue jusqu'alors n'était pas vraiment la nôtre ; aussi faut-il nous mettre en repos simplement pour apprendre à nous écouter.

« *Carpe diem.* »

Horace, *Odes*

Si nous avions devant nous l'éternité, nous ne serions pas aussi pressés de profiter de la vie, de nous réaliser, car nous aurions le temps. Or nous n'avons pas la possibilité de perdre ce temps précieux, nous n'avons que le loisir de développer notre intelligence et notre amour à l'infini, et cela nous suffit pour prendre conscience que nous sommes pétris d'éternité. Mais cela n'est possible que si nous ne perdons pas de temps, si nous sommes toujours attentifs à produire des fruits. Si le temps qui nous est imparti était illimité, nous ferions une longue sieste. C'est un luxe que nous ne pouvons pas nous offrir !

Ce temps extrêmement court ne nous permet pas de nous économiser. L'essentiel est de profiter du présent. Les exigences, les envies ne sont pas les mêmes si l'on veut perpétuellement rattraper le temps, s'accrocher au passé ; on vit alors dans la douleur. Un enfant ou un adolescent qui veut être adulte est malheureux ; de même qu'un adulte qui regrette son enfance souffre. Pourquoi se propulser en avant ou en arrière ? Pour être entièrement nous-mêmes, vivons pleinement et en toute conscience le présent

La fortune vient en dormant.

Le temps du repos est également précieux. Au cœur de la nuit surgissent les rêves. On s'en souvient ou pas. Il existe un moyen pour se les rappeler. Quand, sans réveil, au cours d'un déplacement, nous avons un train à prendre, nous programmons presque tous notre inconscient pour nous réveiller au bon moment. À l'heure souhaitée, nous avons les yeux ouverts. De la même façon, si nous voulons nous souvenir de nos rêves, « programmons-nous » avant de nous endormir. Notre intérêt pour le voyage intérieur que nous allons faire nous oblige en premier lieu à ne pas nous laisser envahir par d'autres idées. Et, le matin, au lieu de sauter du lit dès le réveil, pressés d'entrer dans le brouhaha de la vie, prenons quelques secondes pour nous pencher sur l'histoire vécue durant la nuit. Pour cela, il existe un certain nombre de petites astuces qui ont déjà largement prouvé leur efficacité. Le soir, en pensant à cet imminent départ intérieur et nocturne pour le « pays des rêves », buvez un demi-verre d'eau ou mangez une demi-pomme et, le lendemain, avant de sortir du lit, finissez le verre d'eau ou terminez la pomme en essayant de vous remémorer les images de la nuit. Cette méthode permet de retrouver un geste récurrent soir et matin et de diriger ainsi la pensée vers le rêve vécu entre ces deux moments. En deux ou trois semaines, nous aurons appris à naviguer dans les histoires que chacun se raconte dans l'obscurité. Nous nous découvrirons « autres » : plus téméraires, plus sensuels, et peut-être qu'à force d'oser pendant notre sommeil, nous apprendrons à développer plus de courage durant la journée.

Le rêve nous parle de nous, de notre vécu, de nos émotions et de nos colères. Il fait circuler des informations de l'inconscient vers le conscient, car tout ce qui intervient dans un rêve a un sens. Si nous voyons une maison, une église, un château, c'est nous que nous allons visiter. Son toit représente notre mental, le grenier plein de malles nos idées, la cave nos racines et les secrets de l'enfance enfouie, les fenêtres et les portes symbolisent la communication avec l'extérieur... Un rêve où l'on reste dans le vestibule d'une maison signifie souvent que l'on demeure au bord de soi-même.

Dans nos rêves, les différentes parties de notre corps ont également un sens, la partie gauche correspond à « l'être », la partie droite au « faire ». Quand les éléments d'un rêve surgissent à gauche, ils nous parlent de notre perception subjective, et lorsqu'ils viennent de la droite, ils évoquent la réalité. De la même façon, ce qui arrive par le haut est en relation avec notre partie cosmique, et ce qui provient d'en bas émane de nos racines et de notre incarnation. Les rêves sont des messages de notre inconscient et ne pas les écouter peut nous conduire à ne pas vivre en fonction de ce que nous sommes. L'inconscient est plus savant, plus sage que notre conscience d'éveil, celle-ci étant bousculée tout au long de la journée par des événements qui nous distraient et nous empêchent de voir clair ; cet état de conscience a besoin d'écouter son monde intérieur. Nous pouvons alors être en communion avec le cosmos. Là, nous sommes libres de laisser notre imaginaire partager le travail avec notre bon sens et nous indiquer notre chemin. Là, microcosme et macrocosme se rejoignent.

Le diable n'apparaît qu'à celui qui le craint.

Nous nous trouvons au cœur de mondes imbriqués comme des poupées russes, au centre de la densité que représente notre incarnation ; dès que nous regardons l'intérieur de cette densité, nous nous sentons de plus en plus légers, nous sommes à l'intersection entre le monde d'en haut et le monde d'en bas, entre ce qui sort de terre et ce qui étincelle à l'intérieur de nous, au milieu du 8, symbole de l'infini. En ouvrant à notre connaissance la porte de la nuit, nous découvrons le cosmos : ce qui est en haut est semblable à ce qui est en bas ; ce qui est à l'intérieur est semblable à l'extérieur.

Mais il est plus simple et plus facile d'accomplir notre voyage intérieur, de nous comprendre à travers nos propres sensations, nos propres rêves, notre propre corps. Supprimons les soucis qui tournent sans répit dans nos têtes et remplaçons-les par des idées agréables, nous dormirons mieux et nous concrétiserons nos rêves avec plus d'efficacité. Plus nous arriverons à faire le silence, plus des informations précieuses surgiront d'elles-mêmes. Il faut du vide pour pouvoir remplir.

Une de mes amies a fait un jour un rêve étrange : elle essayait de monter dans un train, puis renonçait à la dernière minute, en se disant que ce n'était sûrement pas le bon ! Elle faisait de même avec un deuxième train, un troisième, etc. puis un message transmis par les haut-parleurs lui annonçait que quelqu'un l'appelait au téléphone. Elle entrait dans une pièce, prenait le combiné et demandait : « Qui êtes-vous ? » Une voix de femme répondait : « Ne cherchez pas à le savoir ; je voulais simplement vous dire de monter dans n'importe quel train, il vous amènera quelque part. » Mon amie avait dix-huit ans à cette époque et j'ignore si elle a pris le train de la vie et, surtout, celui du bonheur. En revanche, je sais qu'il y a des lois universelles qui régissent l'existence mais aussi des lois individuelles pour chacun. Un arbre n'aura pas la même loi qu'un chat, celui-ci n'aura pas la même loi qu'un lion, qu'un loup ou qu'un rosier. Sommes-nous lion, loup, papillon ou rosier ? Nous ne pouvons pas le savoir si nous n'agissons pas. C'est dans l'action que nous allons rencontrer l'autre, apprendre à agir avec lui, et que nous allons aussi nous trouver, comprendre notre mode d'emploi, découvrir nos exigences et nos excès. Loin de les tempérer, il nous faudra les vivre, même si cela nous amène à faire de faux pas, à tomber dans l'ornière à plusieurs reprises, à faire des erreurs. Peu à peu, nous comprendrons que ce qui nous arrive n'est pas la faute des autres et que nous pouvons agir autrement. C'est au fil de nos expériences, en faisant un pas en avant, puis un autre et encore un autre que nous découvrons notre chemin personnel, tout en apprenant les lois de la vie.

Comme on fait son lit, on se couche.

Mon amie, qui avait des dialogues oniriques très riches avec son inconscient, faisait également cet autre rêve : elle était sur une plage, un homme vendait des yeux de poissons, et elle lui demandait de quoi il s'agissait. « Ce sont des yeux pour voir le monde, voyez comme ils sont magnifiques, ils donnent aussi un extraordinaire pouvoir de seconde vue. »

Tentée, elle demande à en acheter une paire. « Mais vous n'en avez pas les moyens, s'offusque-t-il, vous n'avez pas assez d'argent, ils coûtent très chers. » Elle compte alors son avoir et réalise qu'elle n'a pas la somme requise. Elle demande à essayer une paire d'yeux de poisson et enlève les siens, qui ont la taille de boutons de bottines. Les yeux proposés par le marchand, en revanche, s'adaptent merveilleusement dans ses orbites, et elle découvre des couleurs somptueuses, des paysages magnifiques... Ces yeux-là lui permettaient de voir tout ce qui l'entourait de manière si extraordinaire qu'elle n'avait jamais vu plus beau spectacle... Pendant ce temps, l'homme vitupérait : « Vous n'avez pas les moyens de les acheter, rendez-moi ces yeux ! » À contrecœur, elle les restitue alors. Par l'intermédiaire de ce rêve, elle a pris conscience à son réveil qu'elle ne se donnait pas les moyens de ses immenses possibilités. Lorsque nous les comprenons, nos rêves nous permettent de prendre certains tournants dans notre vie et d'aller à la rencontre de notre double. Combien de fois celui-ci tape-t-il sur notre épaule en nous disant : « Je n'en peux plus de la vie que tu me fais mener. Je suis malheureux, j'ai soif d'autre chose ! »

Apprendre à s'endormir heureux, avec plaisir, c'est se réveiller heureux.

« Un rêve non interprété est comme une lettre qu'on s'enverrait et qu'on n'ouvrirait pas. »

Le Talmud

ÉPILOGUE

Je n'ai pas envie de vous quitter tout de suite, je reste un peu pour bavarder avec vous…

Oui, il y a une loi, un mode d'emploi pour être heureux et trouver notre paradis terrestre, sept pas à faire pour atteindre le bonheur. Parce que l'on a entrepris, on apprend, parce que l'on a appris certaines choses, on commence à comprendre. Nous avons ensuite à nous imposer avec ce que nous avons déjà acquis et à prendre notre place, notre force, notre créativité, ce qui nous a permis de communiquer sans nous faire influencer et dominer. Ainsi, la communication nous conduit tout naturellement à l'amour. Alors seulement, nous pourrons profiter de ce que nous avons créé dans notre vie, nous pourrons être contents, heureux et nous reposer enfin en ayant découvert le sens de notre vie. Chaque fois que nous vivons dans une résonance juste, nous nous apercevons que des portes s'ouvrent devant nous.

Lorsque les situations nous résistent longtemps, la cause est peut-etre notre entêtement à essayer d'enfoncer une porte fermée, sans voir celle qui est ouverte derrière nous. Usons de nos facilités naturelles, découvrons nos outils. Si un fâcheux vous demande : « Qu'est-ce que vous faites dans la vie ? » Répondez : « je vis ! »

La vie est un apprentissage au cours duquel nous trébuchons, nous nous trompons et nous nous relevons. Le plus important est-il de réussir sa vie ou de réussir dans sa vie ? Combien d'entre nous réussissent tout sur le plan social et rien sur le plan personnel ? Nous avons vu à quel point la place du rêve est capitale, toute action devant d'abord être imaginée. On nous dit souvent : « Agis, fonce ! » Mais passer à l'action sans avoir interrogé notre imaginaire nous entraîne à faire de grosses erreurs.

Être raisonnable, c'est avoir de la raison. Être raisonnable, c'est faire la part des choses entre ce que nous aimons, ce dont nous avons envie, et voir de quelle façon nous pouvons réaliser nos désirs. Cela va à l'encontre de ce que l'on nous a appris : pour être raisonnable, il fallait rester dans les rails de notre éducation. Ne pas prendre de risques, ne pas faire de vagues. Nous devons accepter que la vie nous bouscule, que nos idées changent, que nos convictions les plus fermement ancrées soit remises en question. Être raisonnable, c'est mettre nos rêves en marche et les réaliser et, pour cela, il faut laisser sa place à l'imaginaire.

Or notre mental a pris le pouvoir, il est devenu un roi despotique, dominant notre sensibilité et notre bon sens. Pourtant, notre intelligence possède trois dimensions différentes et complémentaires. Elle est à la fois instinctive, émotionnelle et mentale. Ces trois perceptions doivent marcher de concert dans un combat à armes égales. Si ces trois formes d'intelligence coexistent harmonieusement, tout devient possible pour nous. S'il y a donc obligatoirement une confrontation entre ces trois types d'intelligence, elle doit conduire à une unité, à une harmonie en nous et non à la domination de l'une sur les deux autres. Avant d'être en communion avec le ciel, les étoiles, le cosmos, nous avons à écouter, découvrir et contempler notre cosmos intérieur. Là, nous sommes libres de laisser déferler le torrent de notre imaginaire tout en le canalisant avec notre bon sens.

Écoutons une nouvelle fois la sagesse des proverbes, ils contiennent tout le bon sens populaire :

Un tiens vaut mieux que deux tu l'auras.

C'est une invitation à regarder ce que nous possédons et à considérer ce que nous pouvons réaliser avec, au lieu d'être toujours à se projeter avec ce qui nous manque : « Si j'avais ceci ou cela, ce serait bien, je pourrais… »

Regardons dans notre panier ce que nous avons comme outil, avant de jalouser ce que contient le panier du voisin. Nous devons faire avec ce que nous avons. Mais que sont les paroles sans les actes ? C'est à nos actes et à notre façon de vivre que nous serons jugés. Combien de donneurs de leçons perdent toute crédibilité dès lors que nous les observons, car ils sont incapables de mettre en pratique leurs belles paroles ! Plusieurs fois de suite, nous retombons dans les mêmes schémas et nous attribuons nos échecs aux autres. Si nous souhaitons que cela change, il est crucial de nous apercevoir que nous sommes seuls responsables. Si nous acceptons le combat de la vie, cela nous apporte un énorme avantage : pendant que nous combattons, nous ne souffrons pas ; pendant que nous agissons, notre mental se tait. Notre vie est un défi à relever qui peut être parfaitement vivifiant et joyeux. Ne pas agir ne nous apporte qu'un oppressant sentiment de culpabilité, des doutes, des regrets et surtout la peur qui nous paralyse.

Le corps à corps avec la vie nous permet souvent d'obtenir ce que nous désirons. Une fois l'épreuve passée, nous ne nous souvenons souvent que du plaisir et de la gratification. Nous sommes des aventuriers qui se heurtent à des difficultés et à des souffrances énormes, et qui ne se rappellent ensuite que les bons moments de leurs aventures et s'empressent de les raconter à leur entourage !

Le but du voyage : DEVENIR CE QUE L'ON EST…

Et ce n'est pas une petite histoire. La vie nous apprend à nous régaler de nos différences. C'est par elle que l'échange de valeurs est possible, par le canal d'une circulation qui se fait naturellement.

On entend souvent des gens de bonne volonté dirent « j'ai beaucoup de travail à faire sur moi » ou « il a un travail à faire sur lui, vous avez un travail à faire sur vous, etc. », quand en réalité il n'y a qu'à laisser la vie travailler en nous. Selon notre nature, ce travail, accompli à notre insu, passera par le raisonnement, c'est-à-dire par le filtre du mental, ou par des bouleversements émotionnels, ou encore à travers des moments de jouissance et de béatitude grâce à une sensibilité enfouie au fond de notre inconscient. L'essentiel est d'être totalement ouvert aux transformations qui s'opèrent en nous. Si nous nous mettons sur des rails, si nous nous plions à des règles rigides, si nous nous fermons à nos perceptions, nous nous sclérosons.

L'interaction permanente entre le ciel et la terre existe. Le symbole ∞ représente l'infini, la respiration entre le macrocosme, le cosmos (le ciel) et le microcosme (la terre, nous). Ce signe exprime l'osmose totale existant entre notre réalité d'incarnation, notre côté objectif, et notre côté subjectif correspondant à notre part cosmique, imaginaire, le rêve construit par notre cosmos intérieur. Si nous ne fonctionnons qu'avec cette dernière, nous sommes coupés de la réalité. Si nous ne vivons que notre part incarnée, nous sommes également amputés d'une part de nous-mêmes. L'interaction permanente entre ces deux réalités est nécessaire à l'expression de notre bien-être, pour que nous puissions bénéficier d'une respiration qui s'appelle simplement la vie. Il nous faut naviguer sans cesse entre ces deux mondes pour trouver notre vérité ultime. Nous nous apercevons en grandissant en âge et en sagesse que nous gardons toute notre vie les certitudes et la foi profondes de notre enfance, même si elles se cachent, même si elles se transforment. Nous sommes le même arbre, nous avons gardé les mêmes racines, auxquelles se sont ajoutés des feuilles et des fruits pourris ou merveilleux. Mais les racines et le tronc sont les mêmes qu'au début. Quelque chose de fondamental en nous reste identique et grandit simplement. À partir du moment où nous possédons cette résonance puissante en nous, nous la gardons éternellement. Nous pourrons développer des sons nouveaux, mais les racines seront toujours les mêmes. Nous pouvons retrouver cette base solide, même si nous avons parfois l'illusion de l'avoir perdue, puisqu'elle existe. Nous devons nous efforcer de la préserver, de la développer et de lui permettre de porter ses fruits.

Nous avons aussi entendu, très jeune, cette trop célèbre ritournelle : « Tu verras quand tu seras plus vieux, tu auras changé, tu ne penseras plus la même chose. »

Sachez que, quel que soit votre âge, vos idées vous appartiennent. Gardez-les intactes, ne vous trahissez jamais. Bien sûr, vous grandirez, vous évoluerez, vous développerez votre pensée, mais vous devez conserver précieusement votre spécificité, votre propre couleur.

Cette colonne vertébrale, à la base de votre personnalité, vous la trouverez en vous comme un moyen de ne pas céder aux influences extérieures. Nous appréhendons la vie avec ce que nous sommes, et c'est avec ce que nous pensons que nous avons à prendre notre place et notre force. Sans cela, nous serons impitoyablement balayés, effacés par l'influence des autres.

Conservons tout au long de notre vie nos mêmes exigences, nos mêmes certitudes. Nous avons le droit de nous tromper, de changer de direction, d'évoluer avec le temps. Alors que pendant notre jeunesse, nous ressemblons souvent aux pics aigus d'une montagne, exigeants et intransigeants, les années arrondissent nos angles et nous transforment peu à peu en de verdoyantes et accueillantes collines.

La vie nous apprend d'ailleurs à négocier avec nos besoins et nos manques. Les échanges avec les autres sont importants. Les confrontations et les revers, les déceptions nous obligent très vite à regarder l'autre, à le découvrir dans ses différences.

En nous et chez les autres, nous devons découvrir sous une épaisse carapace, le diamant qui existe en tout être. Eux comme nous possédons une graine de perfection. À nous de la faire germer !

Nous devons faire corps avec le rythme de la vie tel qu'il est. Danser sa vie, c'est suivre le plus harmonieusement possible son propre rythme. Si, parfois, le temps semble s'arrêter, et que nous sommes coincés, si rien ne va plus et que le désespoir nous gagne, nous sommes alors face à un obstacle qui nous oblige à prendre du recul : cet ennui qui nous étreint au quotidien ne nous convient pas. Il entraîne une pénible sensation de stagnation. Bref, cette vie n'est pas celle que nous souhaitons... À ce point de remise en question, nous sommes obligés de comprendre que la vie est une marche continue, en perpétuel mouvement.

Pour vivre dans de bonnes conditions ce temps qui nous est donné, vivons-le au présent ! Le seul moyen de contrer la peur n'est pas de la fuir mais de l'accepter, de la regarder en face et de la laisser nous traverser. Ce n'est qu'à ce prix que nous pouvons la dépasser. Si nous l'enterrons, même très soigneusement, elle sera toujours présente, sourde et douloureuse, comme un petit caillou dans la chaussure qui rend la marche pénible. Toute résistance la rend plus forte. Pour démystifier nos peurs et nos douleurs, il suffit d'accepter de les vivre.

Voici les seules questions à se poser pour avancer :

– Qui suis-je et de quelle façon ai-je envie de vivre ?

– Qu'est-ce que j'aime ?

– Qu'est-ce que je veux ?

– Qu'est-ce qui me plaît ?

– Qu'est-ce que je n'aime pas ?

– Quelle est l'activité que j'aime le plus ?

– Quelles sont celles que j'aime le moins ?

Et voici les questions à ne plus se poser :

– Pourquoi n'ai-je pas agi autrement ?

– Pourquoi suis-je si nul ?

– Pourquoi est-ce que j'attire les ennuis ?

Si l'on se sent mal dans son existence, il faut en chercher la raison réelle sans masochisme et sans ignorer sa peur. Comme un enfant qui se tient au bord de la piscine et qui apprend à plonger, nous sommes contraints de penser au risque encouru tout en étant dans l'obligation de passer à l'action. Il faut sauter et le premier pas nous incombe. Mais comme le dit le bon sens populaire :

Il n'y a que le premier pas qui coûte.

Et aussi :

Si vous faites un pas vers la vie,
la vie en fera dix vers vous.

N'oublions pas qu'en général, avant de sauter nous avons appris à nager ! Dès notre naissance, nous avons appris à respirer spontanément pour vivre, et à partir du moment où la peur nous entrave pour aller plus loin, nous nous mettons à respirer à petites bouffées. L'air qui emplit nos poumons ne nous est pourtant pas compté !

Si nous sommes envahis par le mal être, ne nous le cachons pas. Si nous avons envie de pleurer, laissons couler nos larmes. Si nous avons besoin de crier, crions. Rien ne nous oblige à le faire devant tout le monde ! Isolons-nous si nécessaire mais n'empêchons pas nos émotions de s'exprimer, sinon nous risquerions de les laisser nous étouffer et faire des ravages dans notre inconscient. N'oublions pas que nous faisons le chemin en solitaire. Tout se conjugue autour de nous pour nous aider si nous ouvrons les yeux : la nature, les animaux, les autres. Mais il vaut mieux faire que notre cheminement soit inconscient plutôt que de rester immobile. Ce n'est pas grave de se tromper et de trébucher. Beaucoup de gens s'immobilisent parce qu'ils ont peur de l'erreur, pourtant c'est au cours de nos chutes que nos consciences, bousculées, se réveillent. Vivre implique de prendre des risques.

Qui ne risque rien n'a rien.

Nous croquons une pomme parce que nous en avons envie, nous buvons un verre de vin parce que cela nous fait plaisir, mais si l'excès nous rend malade, le malaise devient plus lourd que le plaisir. Ainsi tout nous incite à l'équilibre. S'il pleut et qu'il y a trop d'eau dans la nature, l'eau s'écoule en trouvant les fissures par lesquelles elle peut s'échapper. Puis le soleil revient. Quel est le pire des choix : ne pas faire les choses pour ne pas être malade ou faire les choses et prendre conscience qu'elles nous rendent malades ? La peur de nous tromper nous paralyse et nous empêche d'agir, de crainte de faire une erreur. Pourtant la vie elle-même expérimente des milliards de possibilités, se cherche, se trompe, change de forme pour se stabiliser soudain en une espèce qui peut se développer harmonieusement. Un enfant qui apprend à marcher tombe. À force de tomber, de se relever, il gagne en assurance et fait des progrès. La dynamique vers l'avant est importante, elle nous aide à nous muscler et, peu à peu, à devenir plus fort.

Les vérités qu'on aime le moins apprendre
sont celles que l'on a le plus intérêt à savoir.

Proverbe chinois

Le moi intérieur s'exprime et prend forme à travers le corps. C'est pourquoi il est si important pour nous de nous connaître, de nous donner la place qui nous revient, de faire vivre nos aspirations.

Quelle est notre gourmandise intérieure, quelles sont nos qualités et nos dons, comment les utiliser à bon escient, et non en fonction de l'avis de l'autre ? Celui qui est fait pour écrire, qu'il écrive, pour parler, qu'il parle… Nul ne sait mieux que nous ce qui nous convient. Rien n'est jamais figé pour l'éternité. Si nous ne sommes pas heureux de notre vie, l'opportunité du changement nous appartient toujours. Nous sommes pris dans une évolution permanente dont notre corps porte les signes. Au fil du temps, des lèvres serrées deviennent charnues, des yeux bridés s'agrandissent, ou inversement. Notre palette s'enrichit. Si nous restons confinés dans les couleurs de départ, nous vieillissons mal, nos traits s'accusent et se caricaturent. Les principaux aspects de notre caractère, dont nous aurions pu faire des qualités, deviennent alors des défauts.

On ne commande à la nature
qu'en lui obéissant.

La morphopsychologie a observé que chaque être humain dépendait d'un type spécifique. Nous pouvons avoir un corps et un visage rétractés ou dilatés, et nous évoluons physiquement en fonction de notre évolution intérieure. Si nous sommes de type rétracté, toutes nos chairs sembleront peu à peu se resserrer autour de notre squelette. Si nous sommes de type dilaté, nos chairs, que nous ayons de l'embonpoint ou non, seront généreuses, moelleuses, épaisses et se tendront en expansion vers le monde extérieur. Ainsi l'enfant, qui a tout à découvrir, tout à expérimenter, exprime par son physique dilaté son ouverture vers le monde : son front est large et bombé, son nez amplement ouvert et ses lèvres charnues. À l'inverse, le visage du vieillard est le plus souvent rétracté, dans un mouvement de repli vers lui-même. Ses traits sont plus acérés, plus découpés, voire « taillés à la serpe », et son squelette se tasse. Si nous devions nous comparer à une maison qui s'érige et se transforme au fil du temps, l'ossature représenterait les fondations, et tous nos récepteurs sensoriels, les yeux, les oreilles, le nez, la bouche, à l'image de portes et de fenêtres, manifesteraient notre désir plus ou moins grand de communiquer. Quant aux matériaux, pierres, briques ou bois qui constituent les murs de la maison, ils seraient l'apparence de notre chair, selon la façon dont nous interagissons avec le monde. Par l'observation de la façon dont notre corps évolue, nous pouvons en savoir plus sur ce que nous dicte notre nature profonde.

Tout le monde peut réussir dans sa vie ; il suffit d'y accorder l'énergie nécessaire et de mettre ses talents en valeur. Mais réussir sa vie, savoir qui on est et vivre en harmonie avec soi-même reste la plus grande des ambitions

La fourmi est très petite
mais elle entre dans les oreilles du lion.

Proverbe russe

Ce livre s'adresse aux enfants que nous sommes, de sept à quatre-vingt-dix-sept ans.

Nous avons la chance de vivre dans une période de mutation de la société et nous sommes impliqués pour la remodeler, car elle repose sur nous. Au lieu de voir la crise que nous traversons actuellement comme un désastre, une apocalypse annoncée, comprenons que si quelque chose se termine, c'est pour qu'autre chose commence, et que les prémices et les promesses d'une prochaine moisson sont à venir. Si nous acceptons l'enfant neuf en nous, et la possibilité de muer, de nous adapter, cela nous permettra de nous tourner vers de nouvelles idées et une nouvelle manière d'appréhender la vie. Ouvrons-nous à la richesse illimitée que nous avons en nous. N'attendons plus les aides extérieures, les cannes ou les chemins tracés d'avance car nous allons inventer, créer un monde nouveau.

Unissons-nous, l'union fait la force ! Prenons des risques calculés que nous ne sommes pas obligés de prendre seuls.

Soyons disponibles aux nouvelles idées. Il n'est pas possible de perpétuellement se réfugier derrière des prétextes financiers, par exemple, qui nous empêcheraient d'agir. Il s'agit d'imposer notre différence, notre couleur : « Cette vie est la mienne, à moi de lui donner du relief. » Chaque action, en suivant pas à pas notre chemin vers le bonheur, va devoir obéir à une loi d'organisation, grâce à laquelle il est possible d'intégrer progressivement chaque nouvelle attitude en soi comme au jeu de la marelle.

La forme de la marelle représente une croix avec une partie basse représentant la terre et une partie haute représentant le ciel. On se place d'abord sur la zone « terre », puis on saute sur les cases 1, 2, 3. Ainsi, au cours de notre cheminement, on a intégré corps, âme et esprit et développé chacune de ces trois parties. Ensuite viennent les cases 4 et 5. Elles s'étendent de gauche à droite entre « l'être » et « le faire » : on vit vraiment pleinement en nous déployant dans chacune de nos dimensions. Arrivés sur la case 6, on s'ouvre à l'amour dans la zone « ciel » : il s'agit de l'ouverture cosmique. Ainsi un jeu d'enfant, la marelle, devient une initiation au mode d'emploi du bonheur d'être humain à travers toutes nos dimensions : l'incarnation, l'intelligence et la spiritualité.

On peut également comparer ce parcours intérieur à la croissance de l'arbre qui part de la terre et dont les branches s'ouvrent vers le ciel. Un arbre ne pousse pas dans les nuages. Il lui faut des racines pour pousser le tronc vers le ciel, étaler ses branches et donner ses fruits.

Considérez chaque jour comme un cadeau.
C'est pour cela qu'aujourd'hui s'appelle
le présent.

CONCLUSION

Voilà ! Nous sommes entrés de plain-pied dans cette vie et nous avons souvent joué des coudes pour trouver notre place autour de la table de ce grand festin. Tous les mets sont maintenant à notre portée. Certains vont dire « c'est trop beau pour moi », d'autres « ce n'est pas assez » et loucher vers l'assiette du voisin... Mais quelle que soit notre réaction, nous ne devons pas rester dans l'entrée en attendant que l'on nous prenne par la main pour nous conduire à table. Cette vie est tour à tour sauvage, exaltante, douloureuse ou joyeuse. Elle nous oblige à devenir des aventuriers prêts à combattre pour notre bonheur. Trouvons-le « ici et maintenant ».

Prenons notre destin à bras-le-corps pour en devenir le maître. Ne laissons rien ni personne couper notre élan. Accueillons donc la douleur et la joie avec sérénité, elles nous traverseront sans nous mettre à terre. Nous sommes en mutation permanente : des remontées spectaculaires suivent de terribles difficultés, comme si, ayant frappé du pied depuis le fond de la souffrance, nous remontions enrichis de nouvelles connaissances, d'une nouvelle sagesse, capables de restaurer une harmonie en nous et autour de nous.

Chacun fait ce qu'il peut avec les outils qu'il a, mais nous découvrons souvent que nos possibilités sont beaucoup plus importantes que ce que nous pensions de prime abord.

Chacun de nous pense à ce qu'il aimerait faire, aux changements qu'il voudrait apporter à sa vie, mais il existe, de la pensée à l'acte, un fossé que nous n'osons pas franchir. Pourtant, une fois cet obstacle franchi, nous nous retournons, étonnés d'avoir un jour pensé que ce serait hors de notre portée. Pourquoi ne pas l'avoir fait plus tôt ? Surtout que la souffrance est plus prégnante dans l'attente et dans l'immobilité que dans le combat. Dans l'effort, qui n'est pas consenti pour lui-même mais pour atteindre le but qu'on s'est fixé, on ne sent pas la douleur ni l'angoisse. Le but fixé, c'est le bonheur. Pour l'atteindre, il suffit de ne pas transgresser la loi de la vie. Cette loi n'est rigoureuse que pour développer le seul but de cette vie : l'amour.

Nous avons reçu la vie en cadeau, mais nous n'en possédons pas le mode d'emploi. Personne ne peut nous le donner, sinon nous-mêmes. Le livre de connaissance est en nous, cette vie ne nous a pas été donnée pour que nous n'y participions pas activement. Nous sommes responsables de la création du monde et elle commence par celle de notre propre vie. Entre les deux points d'interrogation que sont notre naissance et notre disparition, nous sommes pétris d'éternité. Les sept clés dont je parle dans ce livre vont nous aider à trouver les chemins à prendre pour atteindre notre paradis terrestre. Nous sommes les maîtres du jeu quelle que soit la distribution des cartes.

Peu à peu, nous apprendrons à prendre conscience de nos capacités, à éviter les écueils en douceur et à ne pas laisser nos chances sur le bas-côté de la route.

Jusqu'alors, nous tentions, au prix de beaucoup d'efforts inutiles, de construire une maison avec un pinceau ou de peindre avec un marteau. La découverte de nos véritables outils va nous permettre d'appréhender l'œuvre à réaliser.

Il nous faut réapprendre à lire en nous, à écrire et à dire ce qui est enfoui au fond de notre vie intérieure.

Ce que je crois est la seule chose
qui m'appartient.

Proverbe slave

Avec une infinie délicatesse, nous devons descendre dans ce gouffre mystérieux, au plus profond de nous, pour renouer dans la tendresse avec nos espoirs les plus secrets, que nous avons enfouis pendant si longtemps. Nous allons remonter à la surface toutes ces merveilles qui nous sont propres et dont nous ne soupçonnions pas même l'existence.

Notre raison de vivre est de soulever les voiles de nos secrets. Au fil de notre apprentissage, de notre voyage vers notre épanouissement personnel, quelques lueurs surgissent, des explications prennent forme. L'acharnement que nous mettrons à comprendre nous permettra de rassembler les morceaux épars, jusqu'au jour où notre intelligence recevra quelques réponses. Ce jour-là, nous pourrons rassembler ces morceaux en un ensemble cohérent et nous approcher alors au plus près de la paix intérieure. À l'heure de ces découvertes, nous nous sentons habités par d'étranges sensations. Nous découvrons un langage oublié et le livre des images se déploie devant nous, comme une bande dessinée : nous entrons dans le langage des symboles. Au cours de notre recherche, nous pouvons rencontrer des terreurs archaïques ou des jouissances et des bonheurs indicibles provenant peut-être d'une « mémoire future », d'une intuition de l'avenir. Nous pouvons rencontrer aussi des émotions nouvelles, que nous n'avions jamais éprouvées : un jour nous ressentons une soif ardente désaltérée à la source de fontaines célestes, le lendemain nous nous sentons comme des papillons pris au piège d'araignées géantes, un autre jour encore, nous avons l'impression d'avoir plongé dans une fournaise, un enfer plus terrifiant que les tableaux de Jérome Bosch ! Cette multitude d'émotions et de sensations déroutantes et ambiguës sort de notre insaisissable inconscient dont nous n'apercevons qu'une infime partie, tel un énorme et terrifiant iceberg. Et au gré de nos découvertes, nous sommes happés dans une vertigineuse descente aux enfers, ou emportés, tels des enfants émerveillés, vers des horizons magnifiques qui semblent s'étendre à l'infini. Au début de notre vie, nous sommes des voyageurs sans bagages, mais nous pouvons devenir lourds d'expériences fantastiques si nous réussissons à mettre notre peur de côté. Pour profiter pleinement de cette vie, mettons de côté notre mental et retrouvons notre spontanéité enfantine. Trop souvent, nous nous servons d'un « mental roi » et aveugle, tant nous avons confiance en son pouvoir. De toute façon, nous sommes bien obligés d'accepter notre lot d'ignorance car nous n'avons, jusqu'à aujourd'hui, accès qu'à une partie infime de notre cerveau. Pour l'instant, celui qui aimerait tout expliquer, tout mettre en boîte de façon définitive, ne peut que s'éloigner de sa vérité.

La sagesse serait de pouvoir dire « je ne sais pas ». Quand on ne sait pas, cela permet de laisser un creux, un blanc, une vacance qui peut alors être remplie par autre chose que la raison. L'intuition ? L'instinct ? Ou simplement, un silence permettant à la vie de donner sa réponse plus tard ?

Celui qui est pétri de certitudes ne peut plus accueillir en lui la magie de l'existence. Il se prive de bien des beautés, de bien des plaisirs car il n'est pas attentif, disponible à l'imprévu et se croit obligé de tout expliquer, de tout savoir. Vouloir à tout prix passer par le trou de l'aiguille de la science, en oubliant qu'elle est le parent pauvre de la connaissance est un grand mal actuel. Imbus des certitudes qu'ils affichent, de nombreux scientifiques (pas tous, heureusement) ont oublié que la vérité n'est pas seulement dans ce qui se voit, se touche et se prouve. Il ne s'agit là que d'une petite partie du décor. Ce qui se sent, se devine, nous émeut souvent plus et c'est une dimension bien plus vaste du même décor, celui de notre monde.

Tout se paie avec de l'argent,
l'amour ne se paie qu'avec de l'amour.

Il est de bon ton à notre époque de ne s'intéresser qu'à ce qui est objectif et de jeter au panier la subjectivité. Pourtant, la tendresse, la joie, l'amour, l'intuition et tant d'autres richesses émotionnelles ne s'expliquent pas seulement par des connexions chimiques dans notre cerveau. Oui, la science actuelle est amputée de la connaissance. La véritable connaissance ne peut être composée que des sciences et consciences réunies.

Laissons-nous envahir par toutes les images produites par notre inconscient et nous aborderons de nouveaux rivages, la compréhension d'une autre conception de l'univers et de nos propres personnalités. Il existe au fond de nous un lieu secret où toute agitation s'est retirée comme au fond de la mer, où le conditionnement extérieur ne fait plus loi. C'est là, à la frontière du moi cosmique, que se dissimule notre moi ultime.

Nous avons tous soif de trouver cette source d'eau pure, ce bonheur qui est au cœur de chacun de nous, car dans ce lieu secret siège un amour que rien ni personne ne peut détruire. Lorsque nous aurons réussi à atteindre cet espace intérieur, riches du parcours accompli et des sept précieuses clés de la vie, en accord avec notre nature profonde, nous pourrons profiter de notre paradis terrestre.

TABLE

Cet ouvrage a été imprimé en France par

CPI
BUSSIÈRE

à Saint-Amand-Montrond (Cher)
en mars 2012

Composition et mise en page

NORD COMPO
multimédia

Direction littéraire : Corinne Cesano
Édition : Delphine Depras
Collaboration éditoriale : Magali Marquet
Code éditeur : S 04803/04
Dépôt légal : janvier 2009
N° d'impression : 121173/1
Suite du 1er tirage